LEITURAS **L F** FILOSÓFICAS

IVANO DIONIGI

QUANDO A VIDA VEM TE VISITAR
Lucrécio, Sêneca e nós

Tradução
Orlando Soares Moreira

Edições Loyola

Título original:
Quando la vita ti viene a trovare. Lucrezio, Seneca e noi
© 2018, Gius. Laterza & Figli, All rights reserved
Piazza Umberto I, 54, 70121, Bari, Italy
ISBN 978-88-581-3329-3

Questo libro è stato tradotto grazie a un contributo del Ministero degli Affari Esteri e della Cooperazione Internazionale Italiano.

Obra traduzida com a contribuição do Ministério das Relações Exteriores e da Cooperação Internacional da Itália.

Dados Internacionais de Catalogação na Publicação (CIP)
(Câmara Brasileira do Livro, SP, Brasil)

Dionigi, Ivano
 Quando a vida vem te visitar : Lucrécio, Sêneca e nós / Ivano Dionigi ; tradução Orlando Soares Moreira. -- São Paulo : Edições Loyola (Aneas), 2024. -- (Coleção leituras filosóficas)

 Título original: Quando la vita ti viene a trovare : Lucrezio, Seneca e noi.
 ISBN 978-65-5504-415-7

 1. Lucretius Carus, Titus 2. Sêneca, Lucius Annaeus, ca. 4 a.C.-65 d.C. I. Moreira, Orlando Soares. II. Título III. Série.

24-234499   CDD-188

Índices para catálogo sistemático:
 1. Estoicismo : Filosofia antiga   188

 Eliete Marques da Silva - Bibliotecária - CRB-8/9380

Preparação: Paulo Fonseca
Capa: Ronaldo Hideo Inoue
 (execução a partir do projeto gráfico
 original de Inês Ruivo)
Diagramação: Desígnios Editoriais

Edições Loyola Jesuítas
Rua 1822 nº 341 – Ipiranga
04216-000 São Paulo, SP
T 55 11 3385 8500/8501, 2063 4275
editorial@loyola.com.br
vendas@loyola.com.br
www.loyola.com.br

Todos os direitos reservados. Nenhuma parte desta obra pode ser reproduzida ou transmitida por qualquer forma e/ou quaisquer meios (eletrônico ou mecânico, incluindo fotocópia e gravação) ou arquivada em qualquer sistema ou banco de dados sem permissão escrita da Editora.

ISBN 978-65-5504-415-7

© EDIÇÕES LOYOLA, São Paulo, Brasil, 2024

*A Emanuele
e a quem, como ele,
acredita que vale a pena*

"Ontem será o que o amanhã foi".
GÜNTER GRASS

SUMÁRIO

PRÓLOGO.. 11

Primeira Parte

Capítulo I
A VIDA IDEAL.. 17
1. A pergunta das perguntas.. 17
2. A vida ativa... 20
3. A vida contemplativa... 22
4. O *otium* militante.. 24
5. Longe da louca multidão.. 28
6. Contra a democracia... 30

Capítulo II
A FELICIDADE... 33
1. Uma ausência, mais que uma presença...................................... 33
2. Remove o que te perturba.. 35
3. Vive conforme a natureza... 37
4. Outra ideia de felicidade... 40

Capítulo III
FICAR OU ANDAR 45
1. Por mais que possas caminhar 45
2. Mudar o ânimo, não o clima 47
3. A exploração do mundo 50
4. A exploração de si 54

Capítulo IV
APARÊNCIA E REALIDADE 59
1. Das trevas à luz 59
2. O progresso, a língua e o poder 60
3. A ilusão do amor 64
4. O medo da morte 66

Segunda Parte
INTERMEZZO 73
DIÁLOGO ENTRE LUCRÉCIO E SÊNECA 79

PRÓLOGO
FINIS

O que o mundo clássico, caracterizado pela centralidade da razão e pelo culto do equilíbrio, tem em comum com este nosso mundo excêntrico, que não tem mais um centro, e amétrico, que não tem mais medida?

Atenas e Roma o que têm a dizer à nossa gloriosa Europa quando as duras e novas leis da geografia e da demografia estão a desbancar o verificado e animador código da história?

Como podem as palavras de Lucrécio e de Sêneca ter interesse para o homem tecnológico dos nossos dias, o qual, capturado e atordoado pela imensa rede do espaço, perdeu o caminho do tempo?

Somos testemunhas – e, a contragosto, mais espectadores do que protagonistas – de uma mutação antropológica que nos torna estranhas e superadas até mesmo palavras que considerávamos únicas, inalteráveis e insubstituíveis, como pai e mãe. Nessa reviravolta parental – pensemos na identificação e na identidade do filho – o *ghénos*, o sangue, foi superado, antes, pelo *nómos*, a lei, e agora pela *téchne*, a tecnologia que explora e ultrapassa os territórios do transumano e do pós-humano.

Diante desses cenários, o pensamento parece marcar passo e sofrer de anorexia; como se estivéssemos perdendo alguns dos fundamentos.

É como se, de repente, caísse sobre nós toda a complexidade e a dramaticidade da palavra latina *finis*, o verdadeiro nome do homem: "o fim" pelo qual temos de passar, "o fim" a ser atingido, "o confim" a ser ultrapassado.

Entrementes, percebemos a ausência de um *télos*, um plano, que, reativando a coluna da história, puxe o fio entre passado e futuro, entre memória e propósito, entre mortos e nascituros. E percebemos, igualmente, a falta de um *diálogos*, um entendimento entre os diversos mundos, linguagens e saberes; um horizonte e um olhar panorâmicos a serem confiados a um novo humanismo, vistos não como a outra metade do pensamento ou outro ponto de vista com relação à vertente científico-tecnológica, mas como "pensamento amplo" que mantenha juntos e explique os diversos pontos de vista.

Os tempos explicam a mudança em andamento, mas quem explica os tempos?

O mundo clássico, Atenas e Roma, Lucrécio e Sêneca podem ser nossos interlocutores. Não porque tenham resolvido todos os problemas e, portanto, se imponham como modelos, mas, de modo mais simples, porque nos precederam a respeito de nossas mesmas perguntas; porque, alérgicos ao pensamento único, nos apresentaram concepções diferentes e rivais do mundo; porque, embora em margens opostas, experimentaram, na solidão e com autonomia, o que significa suportar a verdade quando a vida vem te visitar. Lucrécio e Sêneca, com Sócrates antes deles, fizeram descer do céu a filosofia, transferiram-na para as cidades, introduziram-na nas casas e a levaram a se interessar pela vida, pelos costumes, pelo bem e pelo mal (cf. Cícero, *Discussões tusculanas* 5, 10).

São interlocutores confiáveis e úteis, pois fazem o contraponto ao presente, a qualquer presente, e nos lançam nas dimensões profundas do *intelligere*, do *interrogare*, do *invenire*.

Intelligere: "captar (*legere*) o que está dentro (*intus*)" e "a relação" (*inter*) das coisas, mantendo-as unidas numa visão unitária, cada vez mais ameaçada pela fragmentação exasperada dos saberes que leva os próprios especialistas a não se entenderem mais – nem mesmo entre eles.

Interrogare: domiciliar-se nas perguntas, mais ricas e mais decisivas do que as respostas. Onde foram parar os "porquês" interrogativos? O mundo está cheio de incompetentes e de tagarelas que respondem perguntas que não nos interessam e que ninguém lhes fez.

Invenire: "descobrir", no duplo significado de "encontrar" quanto de *notum* soterramos e de "inventar" quanto de *novum* nos é solicitado; quer dizer, acarear, confrontar, conciliar a lição dos clássicos, dos mestres, dos pais com as perguntas dos seres vivos, dos alunos, dos filhos.

Esses interlocutores, além de nos lembrar de como éramos, dizem-nos também como poderíamos ser.

PRIMEIRA PARTE

Capítulo I
A VIDA IDEAL

1. A pergunta das perguntas

Segundo penso, a vida humana é semelhante a uma daquelas feiras que se realizam com grande magnificência de jogos e são frequentadas por toda a Grécia. Com efeito, alguns procuram ali a glória e a fama de um prêmio nas competições esportivas, outros são atraídos pelo ganho, comprando e vendendo. E há também uma categoria de pessoas, e é a mais nobre, que não procuram nem o aplauso nem o ganho, mas ali vão como espectadores e observam com atenção o que acontece e como acontece. Assim é a vida humana: nós viemos para esta vida a partir de outra vida e de outra natureza, como de uma cidade para um mercado apinhado de gente, alguns como escravos da glória, outros, do dinheiro; e há algumas raras pessoas que deixam de lado tudo o mais e estudam atentamente a natureza. Chamam-se amantes da sabedoria, ou seja, filósofos, e como a atitude mais nobre na feira é a de ser espectador desinteressado, assim na vida o estudo e o conhecimento da natureza são de longe superiores a todas as atividades.

Assim refletia Pitágoras, segundo o que nos refere Cícero nas *Discussões tusculanas* (5, 9). Era a sua resposta a quem lhe perguntava quem eram os filósofos, uma resposta ampla e articulada, pois envolvia uma reflexão sobre os diversos modos de conduzir a vida e sobre os ideais a serem perseguidos: a glória (*dóxa, philódoxos bíos*), as honras (*timé, philótimos bíos*), o prazer (*hedoné, philhédonos bíos*), a riqueza (*chrémata, philochrématos bíos*), o conhecimento (*theoría, theoretikós bíos*).

Era a resposta à pergunta em torno da qual gira a vida de cada um de nós, rico ou pobre, culto ou ignorante, solitário ou sociável: *tís áristos bíos*? Qual é a vida melhor? Qual o *bíos* ideal? Não é por acaso que tal questão, que ocupará Aristóteles nos primeiros capítulos da *Ética a Nicômaco*, está no centro tanto da poesia, quanto da filosofia clássica e helenística, como confirmam os numerosos *Tratados sobre os gêneros de vida* (*Per bíon*) da escola platônica e aristotélica de Epicuro, Crisipo e Plutarco, o qual escreverá precisamente um opúsculo com o título *Tís áristos bíos*.

São tantas as paixões, quanto os ideais de vida? Não exatamente, porque a sabedoria clássica traçava uma nítida distinção entre os estultos (*stulti*) e os sábios (*sapientes*). Assim, Pitágoras, ao definir como nobre a atitude de quem é simples espectador da feira, faz implicitamente um juízo negativo sobre todos os que dela participam por interesse; Horácio (*Odes* 1, 1) contrapõe ao poeta o atleta, o político, o mercador, o latifundiário, o caçador, o guerreiro; Sêneca (*A brevidade da vida* 12 s.) delineia com tintas de caricatura uma galeria de tipos ideais: o colecionador, o cabeludo, o fanático pelas canções, o jogador de xadrez, o esportivo, o bronzeado e, ai de mim, o filólogo. Todas elas manias próprias do atarefado (*occupatus*), amostra de vida inautêntica, mau patrão (*malus dominus*) e não bom administrador (*bonus custos*) do próprio tempo, o qual não sabe viver (*vivere*), mas somente estar no mundo (*esse*).

No fundo, é evidente o ensinamento de Platão no *Teeteto* (172d-e): "os homens livres [...] têm sempre tempo à disposição (*scholé*) [...], mas os outros, aqueles que giram pelos tribunais ou alhures, falam sempre com pouca disponibilidade de tempo (*ascholía*), porque a água da clepsidra, ao escoar, os acossa".

Mas nessa pesquisa do ideal de vida, seguindo as ligações com a reflexão filosófica e, mais em geral, com a tradição cultural, estavam sempre presentes as razões do indivíduo, a urgência da vida, o estímulo da história. Nesse ponto, os clássicos não diferem em nada de nós; apenas nos precederam.

Cícero, com a chegada de César, teve de abandonar a cena política e se resignar com a vida afastada (*otium*), reivindicando e justificando seus frutos; Salústio, acusado de corrupção, fará da necessidade virtude, dedicando-se a escrever a história de Roma e dos seus inimigos, Catilina e Jugurta; Sêneca, depois de ter teorizado, praticado e até orientado a política do Império, escreverá o elogio do *otium*, obrigado ao retiro devido às circunstâncias adversas e à hostilidade de Nero; Agostinho, que tinha em mente o ideal do retiro (*fuga in solitudinem*) e do *otium* para meditar sobre a morte (*deificari in otio*), confessará que a vida o levou a se ocupar, como bispo, do fardo das querelas episcopais (*sarcina curarum episcopalium*). Foi bem diferente o comportamento de Platão, o qual, aos quarenta anos, como aos oitenta, persistirá no ideal do político filósofo e do filósofo político, apesar das reiteradas e candentes desilusões pessoais.

O debate clássico sobre os vários *bíoi*, recorrente e duradouro, acabou por reduzir a sua riqueza e pluralidade à radical contraposição entre dois tipos: a vida ativa ou política (*praktikós* ou *politikós bíos*) e a vida contemplativa ou filosófica (*theoretikós* ou *philósophos bíos*).

2. A vida ativa

No segundo livro dos *Memoráveis* (2, 1, 7), Xenofonte (séculos V-IV a.C.) estabelece um confronto entre o seu mestre Sócrates e o filósofo Aristipo de Cirene, considerado na antiguidade o fundador ou o inspirador de uma escola filosófica – a chamada "Escola cirenaica" – não distante da escola do hedonismo, que será própria dos epicuristas. No diálogo opõem-se o metódico desempenho de Aristipo – que vê na política o desdobramento da loucura e do mal absoluto – e a perspectiva de Sócrates, o qual vê na política, praticada ou suportada, o destino obrigatório de todo homem. Esse confronto-desencontro entre política e antipolítica conhece a codificação mais notória na contraposição entre estoicismo e epicurismo (séculos IV-III a.C.): para Zenão, fundador da escola da Stoà, o imperativo categórico é "faz política" (*accede ad rem publicam*); para Epicuro, fundador do Jardim, o imperativo é "não fazer política" (*recede a re publica*), "vive isolado" (*láthe biósas*).

Conclama-se, por parte do estoicismo, a opção pelo empenho (*negotium*) e pela ação (*actio*) e, por parte do epicurismo, a opção pelo retiro (*otium*) e pela contemplação (*contemplatio*), ou seja, o ideal de vida ativa e política em antítese com o filosófico e contemplativo. Embora haja quem, como Horácio, desprovido de um pensamento forte, vá oscilar entre as duas posições, a compromissada estoica e a reservada epicurista e, especificamente, hedonista, "ora me torno homem de ação (*agilis*) e mergulho nas tempestades da vida pública / [...], ora, sem me dar conta disso, escorrego para a doutrina de Aristipo" (*Epístolas* 1, 1, 16 ss.).

Acabou prevalecendo a escolha do compromisso e da ação do estoicismo, o qual se firmará de modo particular em Roma, tornando-se seu pensamento dominante – uma verdadeira ideologia – que dá cunho à ética, à política e à religião. Ao intelectualismo ético de Sócrates – que identificava conhecimento e prática do bem – contrapõe-se Cícero (*República* 1, 2), para quem a virtude subsiste exclusivamente enquanto aplicação prática (*virtus in usu sui tota posita est*) e realiza o seu momento mais alto no governo da cidade (*usus autem eius est maximus civitatis gubernatio*). À primazia grega do "conhecer" responde a primazia romana do "fazer", notado categoricamente por Salústio (*A conjuração de Catilina* 8, 5): "todos os mais sábios estavam comprometidos ao máximo com a política [...] e os melhores preferiam [...] fazer a falar" (*prudentissimus quisque maxume negotiosus erat, [...] optumus quisque facere quam dicere [...] malebat*).

Eram estoicas e eminentemente políticas as virtudes que o Senado e o povo romano reconheceram em 27 a.C. ao *princeps* Augusto, inscrevendo-as no escudo de ouro colocado na Cúria: *Virtus, Clementia, Iustitia, Pietas*. Em Roma, onde a política absorve a vida do indivíduo, da milícia em guerra à militância no Fórum, o estoicismo caracteriza não somente a República (*Res publica*), mas também o Império (*Principatus*). O homem romano é, antes de tudo, cidadão (*civis*) e, portanto, o seu modo de se relacionar com os concidadãos ocorre no respeito da moral social, mais do que na individual; nunca, como em Roma, o privado sofre tanto a invasão do público.

É evidente que, diante da total subordinação do *civis* ao Estado, não há espaço para uma religião fundamentada na consciência individual. Modelo desse *civis* é Eneias, o homem do Destino, pronto a pospor as exigências pessoais à vocação política, o amor por Dido à fundação de Roma, a felicidade ao querer dos deuses. É incindível o conúbio entre trono e altar: a *religio civilis* – já codificada na Grécia (pensemos no famoso fragmento do *Sísifo* de Crítias que teoriza a invenção dos deuses e a *religio* como *instrumentum regni*) – celebra em Roma os seus fastos. É precisamente na religião de Estado, já contemplada nas *XII Tábuas*, que Cícero identificará a primazia do povo romano (*A resposta dos arúspices* 19) e Políbio, o fundamento do Império (*Histórias* 56, 6 ss.). O aval definitivo de toda escolha política provinha da religião, que teorizava o deus *negotiosus*, que intervém na vida política e, portanto, devia ser adequadamente venerado. Daí a *pax deorum*, ou a necessidade de fazer um pacto (*pacisci*) com os deuses.

3. A vida contemplativa

Epicuro havia teorizado que a vida filosófica seria a única a livrar dos medos e das falsas necessidades e a proporcionar paz e prazer à alma; e que, portanto, a ela devíamos nos dedicar por toda a vida, como jovens e como idosos (*Carta a Meneceu* 122); um seu discípulo tardio, Diógenes de Enoanda (século II d.C.), escreve que "nem a riqueza, nem a glória política, nem o reino, nem a vida mansa, nem a suntuosidade dos banquetes, nem os prazeres refinados de Afrodite, nem outra coisa alguma, mas somente a filosofia" pode proporcionar o bem supremo (fr. 23 William); mas, já antes dele, Lucrécio (2, 2 ss.) tinha exaltado a vida do filósofo, que ora está na terra a contemplar (*spectare*) as desventuras de quem se lançou nas tempestades da vida (*magnum alterius* [...] *laborem*), ora se eleva no rochedo do seu saber, de onde olha, sereno e desdenhoso, o vão e errático alvoroço dos homens (*despicere* [...] *alios* [...] / *errare*).

Para os epicuristas, portanto, a escolha da vida contemplativa (*bíos theoretikós*) era unívoca, absoluta, totalizadora. Na verdade, embora de modo não tão exclusivo, a primazia da vida teorética já havia sido decretada pelo pensamento grego: Aristóteles, embora identificando na ação e na contemplação a dupla natureza e finalidade do homem (*Protréptico* fr. 10c Rose) convidava o filósofo a "viver como estrangeiro na cidade" (*Política* 1324a); Platão (*República* 581a-e) reivindicava uma indiscutível nobreza e excelência ao amante da filosofia (*bíos philósophos*) em relação ao amante da riqueza (*bíos philochrématos*) e das honras (*bíos philótimos*); o próprio Pitágoras já reconhecia ao filósofo "estudioso da natureza" uma dignidade superior à dos outros estilos de vida (cf. acima, p. 17-18).

Num contexto como o romano, em que a dimensão política é o denominador comum, entende-se bem a razão pela qual os epicuristas são considerados heréticos: autores de um *vulnus* filosófico, político e religioso.

Antes de tudo, negam a doutrina política aristotélica segundo a qual "o homem é, por natureza, um animal político" e "quem vive separado de uma comunidade civil ou não tem necessidade de nada, porque basta a si mesmo, ou é uma besta ou um deus" (*Política* 1253a). O *sapiens* epicurista, ao contrário, opta por viver "fora da comunidade" (*ápolis*), por estar "separado dos outros" (*choristhéis*) e ser "suficiente a si mesmo" (*autarkés*).

Os epicuristas convulsionam a estrutura da *civitas* construída sobre a adesão política e religiosa, negando aos deuses todo papel ativo; o deus epicurista é *otiosus*, estranho às questões do mundo. Por isso, em 173 a.C. – embora sendo uma claríssima minoria que, porém, se ouvirmos o alarmista e faccioso Cícero, "tinha infestado toda a Itália" (*Discussões tusculanas* 4, 7) – serão expulsos de Roma por meio de um edito; assim, Lucrécio – o desmistificador da política e da *religio civilis*, do trono e do altar – aparecerá em Roma com o seu registro civil cassado e sofrerá, portanto, uma verdadeira conjuração do silêncio. Não que Roma não tivesse conhecido o *otium*: o *otiosum* descrito por Ênio, negativo porque infrutífero e próprio dos que não apresentam nada de útil; o de Catão e de Plínio, entendido como *cultura animi*, como literatura e memória de civilização; o de Cícero em dupla com a *dignitas* e que alterna com o *negotium*; o de Salústio, identificado com a sua obra de historiógrafo; o concedido ao soldado já aposentado e benemérito do serviço realizado e, portanto, "emérito" (*emeritus*). Roma teria logo conhecido também o duplo *otium* de Virgílio, o louvado pelo poeta das *Bucólicas* e o sacrificado pelo vate da *Eneida*. Mas outra coisa é o *otium* subversivo epicurista entendido como ausência, privação, negação da política; como individualismo absoluto. Para os epicuristas, o homem pode e até deve ficar sozinho: como uma besta, como um deus. Distante da política.

4. O *otium* militante

A ruptura com a tradição romana acontece por meio de um dos homens mais poderosos de Roma.

"Mas o que fazes, Sêneca? Abandonas a tua posição? Por que não sais em vez de trair? Por que trocas os preceitos de Epicuro pelos princípios de Zenão?". São as perguntas desconcertantes e a acusação de traição do discípulo Sereno, quando Sêneca, tendo decidido sair da vida pública, escreve o diálogo *A vida retirada* (*De otio*). Consciente de romper com o dogma do *negotium*, com o estoicismo que encontrava na política a sua encarnação, com a própria história remota e recente, Sêneca escreve um hino ao *otium* e, fortalecido por uma educação retórica única, atribui a sua contravolta doutrinal e existencial a uma articulada e densa *escalation* de argumentações.

Antes de tudo (3, 3), deixa claro que uma coisa é o princípio (*propositum*), outra é a situação contingente (*causa*): essa última deve estar sujeita à lei da exceção (*exceptio*). Zenão, com efeito, tinha mitigado a obrigação de fazer política (*accedet* [*sapiens*] *ad rem publicam*) com uma cláusula: "a menos que alguma coisa o impeça" (*nisi si quid impedierit*). Pode haver impedimentos e casos excepcionais diante dos quais a prioridade estoica do compromisso político decai e é ab-rogada, e o sábio é legitimado a se abster da política. Consideram-se como tais a corrupção irreparável do Estado (*res publica corruptior*), o predomínio de governantes malfeitores (*mali*), a ineficácia da ação política do *sapiens* (*nihil profuturus*), a hostilidade por parte do Estado (*nec illum erit admissura res publica*), a falta de prestígio pessoal (*parum* [...] *auctoritatis*), a saúde precária (*valetudo*).

Temos algum Estado que mereça o empenho legitimamente invocado pelos estoicos? A situação atual – argumenta Sêneca – de Atenas a Cartago e a todos os Estados passíveis de censo (8, 2 s.) está comprometida: "Se eu quiser passar em revista os Estados, um a um, não encontrarei nenhum que possa tolerar o sábio ou ser por ele tolerado" (*nullam* [*rem publicam*] *inveniam, quae sapientem aut quam sapiens pati possit*).

De tais considerações factuais Sêneca passa a afirmações de princípio, chegando a conclusões radicalmente antiestoicas: o *otium* não mais como condição a ser suportada (*pati*), mas a ser escolhida (*eligere*), não como possibilidade a ser avaliada (*ut possit*), mas como necessidade a ser aceita (*necessarium*), não mais um problema específico do *sapiens*, mas um problema universal de todos (*omnes*). Uma conclusão *naturaliter* epicurista, em manifesta contradição com a tese estoica segundo a qual a escolha do *bíos* filosófico é uma "estação" e não uma "destinação" (7, 4, *nobis haec* [*contemplatio*] *statio, non portus est*).

A questão é que para essa escolha do *otium* Sêneca reivindica até a própria ortodoxia estoica e a fidelidade aos mestres. De que modo? Definindo o *otium* não como antítese e negação do *negotium*, mas como sua inédita possibilidade e expressão. Com efeito, ele argumenta (4, 1 s.): tu, com o *negotium*, podes, como *civis*, agir (*agere*) e colaborar (*prodesse*) somente em relação aos limites da *Res publica minor*, da cidade do registro civil, do município de nascimento ou de residência, dos poucos que conheces; com o *otium*, ao contrário – indagando e difundindo o fundamento da virtude, a natureza dos deuses, a origem do cosmo –, podes, como *sapiens*, agir (*agere*) e colaborar (*prodesse*) em relação à *Res publica maior* e em suas fronteiras, a qual compreende não determinados homens (*certi homines*), mas todos (*omnes homines*), quer dizer, a grande comunidade universal que reúne homens e deuses.

É um *otium* militante o de Sêneca, pois se configura como forma superior de *negotium* e caracteriza o sábio estoico como cidadão do mundo. É um universalismo já caro, aliás, à sabedoria pré-socrática: "para o sábio o universo inteiro é sua pátria", tinha proclamado Demócrito (fr. 247 Diels-Kranz). Não será fora de propósito encontrar nas duas *Res publicae* de Sêneca uma antecipação das *civitates* de Agostinho, a *terrena* e a *caelestis*.

Roma, com Sêneca, a alguns séculos de distância, percorre a mesma parábola que a Grécia tinha conhecido depois da queda das *poleis*, com o advento das filosofias helenísticas dos séculos IV-III a.C. cunhado em um declarado cosmopolitismo.

Na verdade, Platão (*República* 496a-c) já havia identificado algumas circunstâncias – convergentes, aliás, como as da *Vida retirada*, de Sêneca – que isentam excepcionalmente o filósofo do compromisso político. Todavia – conforme o conselho manzoniano, segundo o qual pode-se saber mais "cavando ao lado, em vez de procurar longe" – é minha opinião que a chave para explicar a conversão do *De otio* deva ser identificada não na reflexão filosófica antecedente, mas no particular momento histórico e na experiência pessoal de Sêneca, como, aliás, nos ensina o dramático encontro que ele teve com Nero no ano de 62: um colóquio descrito por Tácito nos *Anais* (14, 52-56) com palavras surpreendentemente cônsonas com o *De otio*, a tal ponto que não faltou quem tenha considerado – feliz curto-circuito intertextual – que o historiador tenha se inspirado precisamente nas páginas do diálogo de Sêneca[1].

Diante do predomínio dos piores, do eclipse do próprio peso político, das acusações de ter acumulado dinheiro excessivo (trezentos milhões de sestércios segundo Tácito, *Anais* 13, 42, 4, e Dião Cássio, *História romana* 61, 10, 3) e de querer competir com o Príncipe, quer no teor de vida, quer na eloquência e na poesia, Sêneca – acachapado por tais boatos e suspeitas – pede ao imperador que possa se retirar, aduzindo várias motivações: os ilustres retiros anteriores de Marco Agripa e de Caio Mecenas, a intenção de restituir as excessivas riquezas acumuladas, a inveja dos adversários, a velhice, o fato de não conseguir enfrentar sequer os mínimos compromissos, a intenção de se dedicar ao cuidado do espírito.

Nero, com uma réplica na qual mistura mel e fel, faz cair todos os argumentos alegados: o retiro foi concedido a Agripa e a Mecenas somente quando tinha um poder consolidado, enquanto ele, Nero, está ainda nos inícios e a sua jovem idade necessita do apoio do mestre; a restituição das riquezas seria por todos interpretada como uma forma de avidez (*avaritia*) do Príncipe e não de moderação (*moderatio*) de Sêneca; a saúde do velho conselheiro não está assim em tão mal estado e a própria idade está ainda florescente (*verum et tibi valida aetas*).

O colóquio, comenta Tácito, termina hipocritamente como todos os colóquios entre poderosos e fracos: entre beijos,

---

1. Assim supôs POHLENZ, M., *La Stoa. Storia di un movimento spirituale*, trad. it., Firenze, 1967, v. II, 77, n. 35.

abraços e agradecimentos. Mas a partir daquele dia Sêneca muda de vida; está sozinho, elimina o séquito dos acompanhantes e faz raras aparições na cidade, fingindo estar doente (*Anais* 15, 45, 3, *ficta valetudine*).

O intelectual do *De clementia*, voltado à utopia, foi substituído pelo *sapiens* do *De otio* preso ao presente. A doutrina tinha-lhe ensinado que o sábio estoico segura firme o leme e não muda de opinião (*Os benefícios* 4, 34, 4, *non mutat sapiens consilium*); a vida o convenceu de que não há por que se envergonhar de mudar de opinião quando se alteram as condições (4, 38, 1, *non est turpe cum re mutare consilium*).

O situacionista e "protegido" Sêneca tinha chegado à mesma conclusão do radical e "desprotegido" Lucrécio: ser excluído do poder o tinha unido a quem tinha teorizado excluir o poder. A vida tinha alinhado o ideólogo estoico e o intelectual epicurista.

Já então saber e poder eram incompatíveis.

5. Longe da louca multidão

Amadurecido o retiro (*otium*) e oficializada a dissociação do poder (*secedere*), Sêneca (*Carta* 7, 1-3) lança o seu *j'accuse*: a multidão (*turba*) tira-nos a harmonia interior (*turbatur*); a frequentação dos homens (*conversatio multorum*) corrompe-nos; o povo (*populus*) desumaniza-nos: "Quanto mais numeroso é o povo com o qual me misturo, tanto maior é o perigo [...]. Volto para casa mais ávido de bens, de cargos, de luxo, mais cruel e mais desumano, porque estive no meio dos homens".

À estabilidade (*constantia*) e autonomia (*autárkeia*) do sábio Sêneca contrapõe a instabilidade (*inconstantia*) e a volubilidade (*levitas*) da multidão. Na verdade, Sêneca, com esse seu parecer, fora precedido por Horácio, o qual tinha definido o *populus Ro-*

manus como uma fera de muitas cabeças (*Epístolas* 1, 1, 76, *belua multorum es capitum*) em contínua caça dos *cives*-vítimas; também Lucrécio identifica o povo com o *vulgus* que tem "ânimo ingrato e coração ímpio" (2, 622, *ingratos animos atque impia pectora volgi*) e que é avesso à doutrina epicurista (4, 19 s., *retroque / volgus abhorret*), considerada muito severa e difícil (*tristior*)².

Identificado com o *óchlos* grego, ou seja, a massa informe e manipulável, corrupta e corruptora, que quer consolação e não verdade, o *populus* com o Principado tinha completado a sua parábola semântica.

Quando se subverte um sistema político, subvertem-se também as palavras. E vice-versa.

Apesar dos poucos decênios transcorridos, já parece distante o *populus* ciceroniano (*A República* 1, 39), entendido como comunidade (*coetus*) mantida unida pelo reconhecimento do direito (*consensus iuris*) e pelo bem comum (*communio utilitatis*), que em dupla com o Senado (*Senatus Populusque Romanus*) constituía um dos dois órgãos legislativos e a arquitrave da *Res publica*; o mesmo *populus* que dali a pouco ficará reduzido ao silêncio (*Bruto* 6, *forum populi Romani* [...] *voce erudita* [...] *spoliatum atque orbatum*) e se tornará "um fantoche nas mãos de César" (Alberto Grilli).

---

2. Esses julgamentos sobre o povo, se, por um lado, confirmam o cunho aristocrático do poema, sancionado, aliás, pela identidade do dedicatário Mêmio, figura de alta posição social e politicamente representativa, negam, por outro lado, esse filão crítico – alimentado em particular pelos ensaios de Benjamin Farrington (*Che cosa ha veramente detto Epicuro?*, trad. it., Roma, 1967; *Lavoro intellettuale e lavoro manuale nell'Antica Grecia*, trad. it., Milano, 1970; *Scienza e politica nel mondo antico*, trad. it., Milano, 1977) – que vê em Lucrécio uma espécie de marxista *ante litteram* determinado a libertar as massas populares da alienação política e religiosa. Nada mais distante de um poeta que vivia separado e no anonimato total, alérgico às razões da sociedade e da política.

E muito distante parece o *populus* que, em 510 a.C., tendo sido readquirida, depois de 244 anos, a liberdade, depois da expulsão de Tarquínio, o Soberbo, instaura a *Res publica*, jurando solenemente que os cidadãos "não tolerariam nunca mais um rei em Roma" (Lívio 2, 1, 9, *neminem Romae passuros regnare*).

Mas a história se encarregou de desmentir aquele solene juramento, porque, depois de quase seis séculos, o *populus Romanus* renunciará à sua autonomia e nobreza e se entregará aos novos e numerosos reis de Roma.

Aquele *populus* – palavras do Coro da *Fedra*, de Sêneca – agora "não tem escrúpulos de confiar o poder ao pior, / e se alegra com isso" (vv. 983 s., *tradere turpi fasces populus / gaudet*).

6. Contra a democracia

Que a ética clássica era elitista e aristocrática é coisa sabida; Heráclito, na sua polêmica contra a opinião comum (*dóxa*) e contra a maioria dos homens "dorminhocos" já sentenciava: "muitos não valem nada e somente poucos são bons" (fr. 104 Diels-Kranz) e, ainda: "para mim alguém, se é o melhor, vale por dez mil" (fr. 49 Diels-Kranz). Certamente "um vale um"!

> Eu jamais quis agradar o povo (*populus*); com efeito, o povo não aprova o que sei e eu ignoro o que o povo aprova. "Quem é o autor dessa máxima?", tu me perguntas, como se não soubesses a quem costumo me dirigir: é Epicuro. Mas a mesma verdade proclamarão em coro (*conclamabunt*) os filósofos de todas as escolas: peripatéticos, acadêmicos, estoicos, cínicos. De fato, qual homem que ama a virtude pode ser amado pelo povo? O favor do povo é procurado por meios desonestos (*malae artes*): deves te tornar semelhante ao povo; ele não te agradará se não te reconhecer semelhante (*Carta* 29, 10).

Esse é o modo sumário, mas substancialmente verdadeiro, com o qual Sêneca sintetiza o juízo moral da antiguidade clássica sobre o povo. Os escritores e intelectuais gregos, inclusive os mais eminentes, aborrecem e denigrem quer o conceito de "povo" (*démos*), quer o de "democracia" (*demokratía*). De fato, para além do sectário e irascível Pseudo-Xenofonte, o autor da *Constituição dos atenienses* – um panfleto contra a democracia, considerada "governo de canalhas" de Atenas –, a frente contrária ao povo ostenta detratores ilustres, como, Sócrates, Platão e Aristóteles.

Para Sócrates, o governo democrático (*libertas*), que, primeiro, o processou pela batalha das Arginusas e, depois, o condenou à morte, em 399, foi, segundo Sêneca (*Carta* 104, 27), mais cruel (*saevior*) do que o oligárquico dos Trinta Tiranos; o governo que subordinava a si as leis era incompatível com quem aceitasse o cárcere e a morte em nome do acordo com as leis (*nómoi*) da cidade (*Críton* 48b-54c); para Platão, "a democracia, então, nasce quando os pobres, saindo vencedores do conflito, matam adversários, a outros exilam e aos que restam distribuem de modo igualitário o acesso à cidadania e aos cargos de poder, os quais, em geral, lhes são atribuídos por sorteio" (*República* 557a); para Aristóteles (*Política* 1279b) "a democracia é o governo dos pobres", um governo de classe, que se alça a senhor das leis (*kýrios tõn nómon*); e, como tal, é "uma degeneração em relação ao regime constitucional (*politéia*), forma de governo caracterizada pela maioria e pela soberania das leis".

A verdade é que estamos diante de um conceito de democracia direta, bem diferente da representativa moderna, e de uma palavra cujo sentido é pesadamente comprometido pela etimologia. Com efeito, cunhada pelas classes oligárquicas e aristocráticas, era "palavra de embate, termo de partido" (Luciano Canfora) e indicava a onipotência da classe popular, "o poder (*krátos*) dos não proprietários (*démos*)". Para indicar o governo popular de sinal positivo, mais semelhante a nosso conceito de democracia, a língua, já desde o século V a.C., substituirá *demokratía* por *isonomía* (Heródoto, *Histórias* 3, 80), "igualdade de direitos e de deveres estabelecidos pela lei", de *ísos* (igual) e *nómos* (lei); o *nómos* que, segundo Píndaro, é soberano (*basiléus*), segundo Heródoto distingue os gregos dos bárbaros e, segundo Sócrates, é o fundamento inviolável da *polis*.

Essa concepção negativa quer de povo, quer de democracia repercutirá nos séculos futuros, até a modernidade: "Tenho pelas instituições democráticas um gosto mental, mas sou aristocrático por instinto, ou seja, desprezo e temo a multidão. Amo com paixão a liberdade, a legalidade, o respeito dos direitos, mas não a democracia" (Alexis de Tocqueville, discurso parlamentar de novembro de 1841).

Seria um coro de condenação unânime o grego? A rigor, não. No famoso epitáfio de Péricles, de 430 a.C. (Tucídides, *História da guerra do Peloponeso* 2, 37-41), a democracia real ateniense é definida como "governo não no interesse de poucos, mas da maioria do povo" e "fonte de educação permanente para a Hélade". Uma democracia mitigada e nobilitada porque conjugada com a soberania da lei e com a seleção dos melhores. Não é por acaso que Tucídides interpretará maliciosamente esse célebre discurso, observando que a democracia de Péricles "era somente de nome, pois, de fato, era o governo do homem mais importante".

Capítulo II
A FELICIDADE

1. Uma ausência, mais que uma presença

A pergunta "qual é a vida ideal?" subentende e supõe outra, mais perspicaz e pessoal: "O que torna o homem feliz?".

A pergunta sobre a felicidade, como a pergunta sobre o mal, é a mais antiga do mundo; como a do tempo é a mais fugidia de todas: "se não me perguntas, eu sei o que é", respondemos com Agostinho, "mas se me perguntas, eu não sei". Temos de convir com Nietzsche, o qual afirmava: "A felicidade não tem rosto, mas costas; por isso, nós a vemos quando já foi embora"?

Como prova quer da complexidade do tema, quer da divergência sobre sua identificação, Agostinho nos refere (*A cidade de Deus* 19, 1) que na antiguidade cerca de 288 doutrinas (*ducentae octoginta et octo sectae*) tratavam da questão sobre "o que torna o homem feliz" (*quid efficiat hominem beatum*).

Sobre o significado, portanto, grande desacordo; mas "sobre o nome, todos de acordo", afirmava Aristóteles (*Ética a Nicômaco* 1095a). Mas nem isso é verdade.

Felicidade é uma palavra absoluta que temos pudor até de pronunciar em referência à nossa existência. São vacilantes as próprias palavras para defini-la; para nós é enganoso o latim *felix*, dito de alguém ou de alguma coisa "que tem sucesso, prosperidade" e, portanto, também "fecundo, fértil" (*hic habitat felicitas* lemos num poema fálico como didascália de um falo); é ambíguo *fortunatus*, "à mercê da sorte favorável ou desfavorável" e, portanto, palavra neutra, diferentemente da correspondente grega *eutychés*, que tem significado somente positivo, "tocado pela boa sorte"; é impróprio *laetus*, "alegre" transladado do significado original de "gordura, lubrificante". Temos de nos resignar com *beatus*, o qual, na verdade, remete – como nas *Bem-aventuranças* evangélicas ("o código cristão da felicidade", Gianfranco Ravasi) – a uma dimensão interior, espiritual e ética; e que sofre as consequências da inadequação do clichê italiano "beato", palavra que remete a um campo semântico sequestrado já pela linguagem eclesiástica, que o adota no processo de canonização. O equivalente grego de *beatus*, mais que *makários*, dito propriamente dos deuses imortais, era *eudáimon*, significando que feliz é aquele que é assistido por um "bom demônio", uma espécie de anjo da guarda; com efeito, enquanto a *makariótes* é própria dos deuses, a *eudaimonía* é própria dos homens.

A própria língua, pois, parece incerta e inferior diante do tema: como se percebêssemos a felicidade mais como uma aspiração do que como um processo, mais como uma ausência do que como uma presença, mais como uma ideia do que como uma realidade, ainda que ela seja "o motor de todas as ações de todos os homens" (Pascal, *Pensamentos* 181) e tenha sido até codificada entre os direitos inalienáveis da pessoa na *Declaração de independência dos Estados Unidos da*

América[1]. Se atentarmos para o fato de que os romanos definiam o homem como *mortalis*, inscrito na morte, talvez se explique essa lacuna da língua.

São duas as ideias fundamentais de felicidade elaboradas pelo pensamento clássico, a epicurista e a estoica, as quais giram em torno de palavras-chave, como "medida", "limite", "temperança", distância dos extremos e dos excessos, equilíbrio interior: *metriótes* para Aristóteles, *modus* para Horácio, *aequus animus* para Sêneca. Uma ética "diferente", ou seja, diametralmente oposta à dos nossos dias, caracterizada pela procura das experiências extremas e pela "deslegitimação dos limites" (Remo Bodei).

2. Remove o que te perturba

Na *Carta a Meneceu*, mais conhecida como *Carta sobre a felicidade*, Epicuro teoriza que o fim do "filosofar" (*philosophéin*), comum a velhos e jovens, é "a felicidade" (n. 122 *eudaimonía*), e o princípio (*arché*) e fim (*télos*) da felicidade é o prazer (n. 128 *hedoné*).

Mas que felicidade e que prazer propõe a doutrina epicurista?

Um prazer identificado na falta de dor no corpo (*aponía*) e, sobretudo, na falta de perturbação na alma (*ataraxía*, n. 128); regulado pelo cálculo (*symmétresis*, n. 130) e pelo raciocínio (*logismós*, n. 132); fundado na "ciência da natureza" (*physiología*);

---

[1]. Há também um algoritmo que, em nossos dias, calcula a taxa de *Twitter*-felicidade: o resultado é o índice *iHappy*, que analisa o conteúdo emocional das mensagens postadas todos os dias no Twitter nas 110 províncias italianas (500 milhões de tweets de 2012 até hoje), com indicação dos dias nos quais foram alcançados os picos de felicidade.

inseparável da virtude (fr. 506 Usener, *achóristos*; "não é possível viver feliz se não se vive uma vida sábia, bela e justa, nem viver uma vida sábia, bela e justa sem viver feliz", n. 132); parente não da sabedoria absoluta (*sophía*), mas da sabedoria prática, a *phrónesis* que dá origem a todas as virtudes. Análoga união entre felicidade e sabedoria tinha proposto o Coro final de *Antígona*, de Sófocles (vv. 1348-1353): "a sabedoria (*tò phronéin*) é o princípio da vida / feliz (*eudaimonía*). Em nada mais temos de ofender os deuses. Grandes palavras / grandes dores devolvem aos soberbos / e ensinam, / com o tempo, a sabedoria".

Se, portanto, para Epicuro, o valor a ser perseguido é a imperturbabilidade (*ataraxía*), o que se segue é a remoção de tudo o que nos perturba: da paixão amorosa, que Lucrécio definirá *dira*, "monstruosa, contra a natureza", à política ("vive à parte", *láthe biósas*), e até à religião com a sua visão antropomórfica dos deuses (*Carta a Meneceu* 123, "ímpio não é quem renega os deuses do vulgo, mas quem aplica aos deuses as opiniões do vulgo").

A figura do sábio epicurista é imperiosa, granítica, prometeica, dotado da autonomia (*autárkeia*, n. 130) que nos faz dom da liberdade ("o maior fruto do bastar a si mesmo é a liberdade", *Sentenças vaticanas* 77, *tès autarkéias karpòs mégistos eleuthería*) e da generosidade: "o sábio, por sua autonomia, sabe mais dar (*metadidónai*) do que receber" (*metalambánein*, Ibid., 44).

Ética rigorosa e nobre. Mas a história, escrita pelos vencedores, não foi amiga de Epicuro, produzindo a respeito dele deformações caricaturais e tendenciosas. Há quem, como Plutarco, no pequeno tratado *Não se pode ter uma vida feliz segundo Epicuro*, difama-o como quem fala de "prazeres da cozinha e dos bordéis" e de "pruridos de porcos e de bodes". Para não dizer do mal-entendido da jocosa e irônica autodefinição de Horácio como "leitão da manada de Epicuro" (*Cartas* 1, 4, 16, *Epicuri de grege porcus*), da hostilidade de Cícero, oscilante, na verdade, entre ódio e amor, entre confutação e admiração em relação aos adversários. Até chegar à censura inapelável dos cristãos: Agostinho (*Comentário aos Salmos* 73, 25) define Epicuro como "um porco que rolava na lama dos prazeres carnais", e um pregador polemista como Daniello Bartoli (*La ricreazione del savio* [1659] 1, 4) imaginava um Epicuro transformado em porco. Um Epicuro vulgar, deseducador, ímpio, merecedor, junto com seus seguidores, da excomunhão e da expulsão de Roma.

De nada lhe valera ter afirmado abertamente que "nem banquetes e contínuas festas, nem desfrutar de crianças e de mulheres, nem peixes e tudo o que oferece uma lauta mesa dão vida feliz", mas, antes, "o não querer dor no corpo nem perturbações na alma" (*Carta a Meneceu* 131 s.).

3. Vive conforme a natureza

Mas, na verdade, "o prazer é princípio e fim da vida feliz" e "as virtudes devem ser buscadas em vista do prazer e não por si mesmas"? De fato, "a virtude é inseparável do prazer"?

Bem outra concepção da felicidade tinha o estoicismo.

Sêneca aborda o tema da felicidade de modo difuso nas suas obras, mas, sobretudo, num diálogo específico, *A vida feliz* (*De vita beata*). Conforme a doutrina estoica, ele situava o cume do bem (*summum bonum*) em "viver segundo a natureza" (*secundum naturam vivere*): "eu dou minha aprovação à natureza" (3, 3, *rerum naturae adsentior*). Um ideal que deve ser entendido seja como adesão à razão universal, seja como perfeição individual, e conquistado por meio de duas qualidades imortais, a sabedoria e a virtude (*Carta* 98, 9, *sapientia et virtus: hoc unum contingit immortale mortalibus*), as quais tornam o homem semelhante a deus (*homóiosis tõ theõ*).

Em obediência ao princípio de identidade entre "viver felizmente" e "viver segundo a natureza" (*A vida feliz* 8, 2, *idem est ergo beate vivere et secundum naturam*), a *sapientia* nos induz a "nos servirmos da natureza como guia" (8, 1, *natura enim duce utendum est*) e a nos conformar à sua lei e a seu exemplo (3, 3, *ad illius legem exemplumque formari sapientia est*). Nessa redução das razões subjetivas do indivíduo às necessárias do cosmo, o estoicismo identificava *fatum* e *voluntas*, *physis* e *ratio*, microcosmo e macrocosmo (15, 5, *non patiens tantum sed etiam volens*).

Todavia, para Sêneca, a felicidade se identifica não só com a *sapientia*, com o conhecimento do bem, mas também com a *virtus*, a prática do bem (16, 1, *in virtute posita est vera felicitas*). Desse modo, ele desmente o intelectualismo ético socrático, que identificava *virtus* e *veritas* (cf. *Carta* 71, 16) e, reflexivamente, "pecado" e "ignorância" (*hamartía* e *amathía*); alinha-se com a concepção aplicativa da *virtus* tipicamente romana e ciceroniana (*A República* 1, 2, *nec vero habere virtutem satis est quasi artem aliquam nisi utare*, "não basta possuir a virtude como uma arte, se não te serve"; cf. acima, p. 21); e declara que a ação, como a contemplação, é momento essencial da virtude (*Carta* 94, 45, *in duas partes virtus dividitur, in contemplationem veri et actionem*) e do nosso próprio destino (*A vida retirada* 5, 1, *natura nos ad utrumque genuit, et contemplationi rerum et actioni*).

Adotando a concepção anti-inatista dos mestres estoicos (Crisipo, v. III, fr. 223 Arnim), Sêneca considera que a virtude não é dom da natureza (*phýsis*), mas fruto da educação (*téchne*), do exercício espiritual, da ascese (*áskesis*): não se herda, mas se aprende (*Carta* 90, 44, *non enim dat natura virtutem; ars est bonum fieri*; 123, 16, *discenda virtus est*) da *rigida ac virilis sapientia* dos estoicos (*A consolação a minha mãe Hélvia* 12, 4). Essa virtude torna o *sapiens* feliz também nas adversidades, até em meio aos suplícios. A conclusão é paradoxal: "não ter necessidade da felicidade é a vossa felicidade" (*A providência* 6, 5, *non egere felicitate felicitas vestra est*) e "o verdadeiro prazer consiste, portanto, no desprezo dos prazeres" (*A vida feliz* 4, 2, *vera voluptas erit voluptatum contemptio*). *Virtus* e *voluptas* são "diferentes", ou seja, são "opostas" (7, 1, *diversa*; 7, 3, *dissimila, immo diversa*), são "incompatíveis" (12, 3, *inconvenientia*)². A virtude deve ser perseguida por si mesma, porque é valor absoluto: ela é recompensa de si mesma (9, 4, *ipsa pretium sui*) e não reconhece outro paraíso senão ela mesma.

Portanto, o que é a felicidade, qual é a vida feliz para o sábio estoico? A "vida feliz é um ânimo livre e soberbo, sem medo e bem seguro" (4, 3, *nos beatam vitam dicere liberum animum et erectum et interritum ac stabilem*), situado fora do temor e do desejo (4, 3, *extra metum, extra cupiditatem positum*).

A via mestra é cultivar a virtude primeira do *sapiens*, a *constantia*, a estabilidade, e fugir ao vício primeiro do *populus*, a *levitas*, a volubilidade. O sábio, com efeito, não muda nem de lugar (*locus*), nem de parecer (*sententia*); ele não sofre chantagens nem do medo (*metus*), nem do desejo (*cupido*).

A felicidade para Sêneca se inscreve e se realiza no horizonte do presente e exclui o futuro e a expectativa (*expectatio*) e, portanto, a esperança (*spes*), porque nela se aninham as perturbações e os desvalores da *cupido* e do *timor* que ameaçam o

---

2. Na verdade, a polêmica é com as formas degradadas do hedonismo e não com Epicuro, a quem Sêneca reconhece – além do magistério de nobres, sagrados e severos ensinamentos (*A vida feliz* 13, 1, *in ea quidem ipse sententia sum – invitis hoc nostris popularibus dicam – sancta Epicurum et recta praecipere et, si propius accesseris, tristia*) – o alinhamento do prazer com as leis da natureza (*quam nos virtuti legem dicimus eam ille dicit voluptati: iubet illam parere naturae*) e a um estilo de sobriedade (12, 4, *nec aestimant voluptas illa Epicuri – ita enim mehercules sentio – quam sobria ac sicca sit*).

ideal da impassibilidade (*apátheia*), o correspondente da imperturbabilidade epicurista (*ataraxia*). O sábio viverá não esperando nem temendo (*nec spe nec metu*), fechado na sua visão cíclica do mundo e do tempo: num eterno retorno.

4. Outra ideia de felicidade

"Diz-me, epicurista, o que torna o homem feliz?" (*dic, Epicuree, quae res facit beatum?*), "o prazer do corpo" (*voluptas corporis*); "diz-me tu, estoico" (*dic, Stoice*), "a força do ânimo" (*virtus animi*); "e tu, cristão?" (*dic, Christiane*), "o dom de Deus" (*donum Dei*).

Agostinho no *Sermão* 150 traça em rápidas pinceladas a linha divisória precisa e profunda entre felicidade pagã e felicidade cristã: à *voluptas* e à *virtus* da *sapientia* clássica – recapitulada nas duas opostas doutrinas do epicurismo e do estoicismo – ele contrapõe o *donum* da graça de Deus.

Essa é a resposta aos que se obstinam em acreditar que a ideia estoica e, em particular, a de Sêneca sobre a felicidade seja cônsona ou até tenha parentesco com a cristã.

Logo no início do seu tratado *A vida feliz* (*De beata vita* 1, 1), Agostinho diz que na travessia da nossa vida para chegar ao porto da filosofia (*philosophiae portus*) e daí à terra da felicidade (*beatae vitae regio*), nós, errantes e ignaros da via do retorno, não podemos nos valer nem da nossa razão (*ratio*) nem da nossa vontade (*voluntas*), mas somente nos confiar a uma tempestade casual (*aliqua tempestas*), a qual nos reconduz ao nosso destino contra a nossa vontade e apesar de nossa resistência (*invitos contraque obnitentes*). Essa indefinida tempestade – motivo que normalmente em toda a literatura clássica representa um elemento hostil e negativo – significa aqui a intervenção divina providencial e salvífica. Eis, pois, que a felicidade, para Agostinho, se configura não como conquista do homem, mas como imprevisto e imprevisível dom de Deus (1, 5, *Dei donum vocandum*) e até como posse de Deus, como *deum habere* (2, 11, *Deum igitur* [...] *qui habet, beatus est*).

Não é convergência, portanto, não continuidade, nem, muito menos, dependência ou parentesco, mas divergência máxima entre pagãos e cristãos, entre estoicismo e cristianismo, entre Sêneca e Agostinho.

Em Sêneca, o *sapiens*, num esforço de vontade e de ascensão, tenta o assalto ao céu e quer se tornar semelhante a Deus (*homóiosis tõ theõ*), e mesmo superior a Deus, porque ele pode também sofrer: "Deus está fora do sofrimento, vós estais acima" (*A providência* 6, 6, *ille* [*deus*] *extra patientiam malorum est, vos supra patientiam*). Tudo é possível à *virtus* estoica: governar o Estado, experimentar a máxima liberdade no suicídio, superar até mesmo Deus.

Em Agostinho, Deus, com um movimento gratuito e descendente, faz-se semelhante ao homem (*homóiosis tõ anthrópo*). A perspectiva ética e antropocêntrica pagã e estoica é substituída pela perspectiva teológica e cristocêntrica; a ética autônoma clássica, na qual o homem faz a lei para si mesmo, é substituída pela ética heteronômica do cristão, na qual o homem lida com o Outro. Enquanto os olhos do contemplador pagão são "capturadores" – como diz Gianfranco Contini –, os olhos do contemplador cristão são "capturados".

Mais; o deus pagão é um *deus potens*, o cristão é um *deus patiens*. À *potentia* do raio de Júpiter contrapõe-se a *patientia* da cruz de Cristo (Agostinho, *Comentário ao Salmo* 40, 13, *non descendebat* [sc., *de cruce*] [...], *non potentiam demonstrabat, sed patientiam docebat*): uma *patientia* mais poderosa do que a das armas (*A cidade de Deus* 18, 54, *usque ad mortem pro veritate certare non armata potentia, sed potentiore patientia*). O deus de Sêneca é um deus *impatiens, apathés, extra patientiam*; o deus de Agostinho é um *deus patiens*. É o escândalo do cristianismo.

A *patientia* cristã é a virtude não só da "paciência" no presente, mas também da "espera" e da "esperança" da morada futura, desconhecidas por Sêneca; "suportando, permaneçamos à espera" (*patienter expectemus*) exorta Agostinho, confortado pela Carta aos Romanos (8,25), em que Paulo diz: "nós esperamos com perseverança" (*per expectationem speramus*). A *patientia* para o cristão não é, como para o estoico, fim em si mesma e não é o paraíso, mas é o caminho para ele.

O nosso conceito de "esperança" (*spes*), que para os clássicos não foi nunca um valor, fará seu ingresso no mundo precisamente por meio do cristianismo e a sua concepção linear do tempo e da história; uma esperança absoluta que vai além de qualquer espera (*spes contra spem*). A cesura da Encarnação quebra e divide em dois o tempo *ante* e *post Christum natum*. O tempo cristão (e judaico) não é cíclico, e a história não se repete, porque "Cristo morreu uma só vez": um *hápax* absoluto, sobre o qual insistirão Paulo e Agostinho.

Quid nunc?

Desde sempre e por todos desejada e perseguida, mas impossível de atingir e de abraçar, como as sombras de Hades, e até difícil de nomear, quase indizível, igual a um grande mal, a felicidade será, conforme o pensamento de Giacomo Leopardi, procurada como ausência de ansiedade, como redução do prejuízo, como barreira do negativo. Aqui está a lição da sabedoria clássica, epicurista e estoica, que eu gostaria de interpretar com as palavras exemplares de um escritor contemporâneo:

> Que ninguém seja lançado no nada, nem mesmo aquele que lá estaria de bom grado. Que se pesquise sobre o nada com a única intenção de achar o caminho para dele sair, e que esse caminho

seja mostrado a todos. Que se persevere no luto e no desespero para aprender o modo de dele fazer sair os outros, mas não por desprezo da felicidade, que compete às criaturas humanas, embora elas a deturpem e a arranquem uns dos outros[3].

A felicidade não pode senão levar o nome da *pietas* para os outros e para a vida, na consciência de que "não pode haver felicidade 'oculta', privada. Se conseguíssemos compreender isso [...], o mundo não se tornaria o Paraíso, mas deixaria, decerto, de se assemelhar ao Inferno"[4].

---

3. CANETTI, E., *La coscienza delle parole*, trad. it., Milano, 1984, 396.
4. CACCIARI, M., Perché la felicità è di tutti o di nessuno, *La Repubblica*, 3 mai. 2017: Palestra realizada em maio de 2017 por ocasião do Ciclo "Felicità" organizado pelo Centro de Estudos "La permanenza del Classico" da Universidade de Bolonha.

Capítulo III
FICAR OU ANDAR

1. Por mais que possas caminhar

"Por mais que possas caminhar, os limites da alma, tu não os encontrarás, ainda que percorresses todas as estradas, tão profundo é o seu *lógos*" (fr. 45 Diels-Kranz); não obstante isso, "Indaguei a mim mesmo", escreve Heráclito (fr. 101 Diels-Kranz). O mesmo caminho percorrerá Sócrates, o qual, em respeito ao preceito délfico "conhece a ti mesmo", declara: "eu indago não as fábulas do mito, mas a mim mesmo" (*Fedro* 230a). É a viagem do homem que não terá mais parada nem fim. Não é ele, talvez, nômade por sua natureza? "No fundo, nas pernas não temos raízes, mas pés, pés que servem para andar por aí e de que nos servimos desde o alvorecer dos tempos para a colossal viagem na qual a humanidade está empenhada desde quando deu os primeiros passos", escreve o geneticista Guido Barbujani[1]. Viaja-se porque se quer ou porque se deve,

---
1. In: Barbujani, G.; Brunelli, A., *Il giro del mondo in sei milioni di anni*, Bologna, 2018, 180.

por esperança ou por desespero; e pelo inato desejo de conhecer, pela nossa indelével *curiositas*.

Os clássicos deram forma mítica e poética à simbologia da viagem, tanto a viagem à procura de realidades remotas e misteriosas, quanto a da alma e do pensamento à procura de verdades intelectuais e espirituais.

Mas o resultado dessas viagens não é quase nunca feliz. Na *Medeia* (vv. 335 s.), Sêneca define como sacrílega (*nefas*) a expedição dos Argonautas à procura do velo de ouro, porque a viagem do temerário (*audax*) Jasão violou "os pactos do universo" (*foedera mundi*); aquela nave unificou e homologou (*traxit in unum*) as partes do mundo que leis providenciais tinham mantido harmoniosamente separadas (*bene dissepti* [...] *mundi*).

Na sua viagem, Eneias é *profugus*, aquele que tem no seu destino o exílio (*Eneida* 1, 2, *fato profugus*), um longo exílio (2, 780, *longa* [...] *exsilia*), uma espécie de êxodo perene. Vaga em direção a um fim incerto, à mercê de um querer divino que lhe impõe abandonar os caros supérstites (4, 342 s., *dulcis* [...] *reliquias*) e apostar na fundação de Roma. Enquanto *pius* é obrigado a carregar nos ombros a missão de combater outra guerra, para ter uma nova pátria; mas o seu estatuto de *profugus* faz com que ele continue a desejar a sua velha pátria. Eneias está condenado a voltar constantemente o olhar para adiante e para trás.

E há a viagem das viagens, a de Ulisses, talvez a figura de mais sorte da antiguidade clássica, cuja simbologia é pelo menos dupla. Se Cícero (*Os limites do bem e do mal* 5, 49) – na esteira de Homero (*Odisseia* 12, 184-191) – vê em Ulisses e na sua viagem *o símbolo da curiositas* positiva e da paixão pelo conhecimento (*cupido scientiae et sapientiae*), Sêneca o interpreta como cego *errare* e vão *otium* (*Carta* 88, 7).

É uma "debandada de erro em erro", poderíamos dizer com Giovanni Giudici (*Salutz* IV.4), também o vaguear de Édipo para o qual "toda fuga foi uma prisão / toda salvação, ruína": de Corinto, lugar de nascimento, ao monte Citerão, lugar de ocultação, de novo em Corinto, depois em Delfos e, enfim, em Tebas. Um percurso trágico que o conduz, ignaro, a matar o pai e a se casar com a mãe. Parricídio e incesto: não uma tragédia, mas um grumo de tragédias.

A ida de Orfeu ao Hades para libertar Eurídice é, porém, o protótipo da viagem não somente ao além-túmulo, mas também para dentro de nós. O pacto para trazer à terra a doce esposa é de não voltar o olhar a ela. Mas, como conta Virgílio nas *Geórgicas* (4, 485 ss.), o desprevenido amante, ao sair dos Ínferos, é tomado pela loucura do amor e viola os pactos (*rupta foedera*). "Que fúria de amor / me levou, a mim miserável, e levou a ti, Orfeu, à perdição?" (4, 494 s., [...] *quis et me* [...] *miseram et te perdidit, Orpheu, / quis tantus furor?*) grita Eurídice, quando Orfeu se volta para a olhar. Se não suportamos o peso da privação, o preço da espera, o *pathos* da distância, perdemos aqueles que amamos e perdemos a nós mesmos. Ficamos nos Ínferos: no Inferno da nossa identidade.

2. Mudar o ânimo, não o clima

Como é possível que todas essas viagens estejam à mercê do destino e, em geral, expostas a um resultado infeliz e, todavia, nunca de simples sinal positivo?

Temos de lembrar que a sabedoria clássica, a romana em particular, encontrava o próprio ideal na estabilidade, a *constantia*, que os Gregos chamavam de *eustátheia*, estar bem plantados. A *constantia* do sábio[2] opõe-se à mudança de lugar, a

---

2. *De constantia sapientis* é o título de um diálogo de Sêneca.

commutatio loci, própria do vulgo e do tolo. Lucrécio (3, 1053-1070) lança-se contra a mania malsã de quem, entre tédio (*ille,* / [...] *quem pertaesumst*) e bocejos (*oscitat*), muda continuamente de lugar (*quaerere semper / commutare locum*), com o único resultado de evitar a si mesmo (*hoc se quisque modo fugit*); Horácio (*Epístolas* 1, 11, 27 s.) caçoa daqueles que, reféns do torpor inquieto (*strenua inertia*), viajando, mudam de clima, mas não de ânimo (*caelum, non animum mutant, qui trans mare currunt*); Sêneca estigmatiza como o pior dos males a *levitas*, a volubilidade e a inconstância até no mal:

> entre os outros males, o pior é que nós mudamos até os vícios (*vitia ipsa mutamus*) [...]. Somos sacudidos (*fluctuamur*), agarramo-nos a apoios um depois do outro, abandonamos o que havíamos ambicionado e voltamos a ambicionar o que tínhamos abandonado; a nossa vida é uma alternância de desejos e de remorsos (*A vida retirada* 1, 2).

Sêneca mesmo (*Carta* 28, 2), adaptando a célebre passagem da carta horaciana, convidava a mudar o ânimo e não o clima (*animum debes mutare, non caelum*) e a procurar a felicidade não nas viagens (*peregrinationes*) nem em andar levando a si mesmo por aí (*tecum fugis*), mas em ficar quieto.

Como explicar esse posicionamento frequente e recorrente, tanto nos filósofos, como nos poetas? A positividade do "ficar" e a negatividade do "andar" apoiavam-se na condenação e na remoção do que é *novum* e do que é *infinitum*.

Em Roma, era tão tranquilizante o *notum* da tradição, quanto traumático o *novum*; alguma coisa "inaudita", "jamais vista", "jamais experimentada". Por essa razão, revolucionário e iconoclasta (*novae res*) era a mensagem de Lucrécio que desconjugava política e religião, os dois pilares da cultura romana; assim como a religião cristã era *nova* e, portanto, *illicita*, porque em nome da fé pessoal rejeitava os ritos e sacrifícios da *vetus religio*; sob vigilância especial estavam políticos como Mário e Cícero, porque *homines novi* e não *nobiles*, destinados a um final infeliz; para não falar da expedição sacrílega dos Argonautas, os quais, tendo partido em direção a uma *terra nova* (Sêneca, *Medeia* 370) e à procura de *leges novae* (v. 319), voltaram as costas à *terra nota* e as *leges notae*; guiados por Jasão, que celebrará novas e funestas núpcias (v. 894, *novae nuptiae*).

É análogo o julgamento sobre *infinitum*: negativo porque "não finito", "não mensurável", "não controlável", privado da estranheza diante do excesso, da medida (*modus*) e do limite (*finis*) que eram valores conclamados na cultura clássica, em particular na terriola latina, onde até um adjetivo, como *profundus*, "longe do fundo" (*procul, fundus*), mantinha todo seu valor negativo.

As viagens para além das Colunas de Hércules devem ser condenadas, porque, como todas as navegações (cf. Hesíodo, *Obras* 236 s.; Arato 110 s.; Horácio, *Odes* 1, 3, 9 ss.), infringem os limites postos ao homem pela natureza: as Colunas são não proibições de acesso, mas proteções que salvaguardam o homem. É preciso dar atenção a Bacon, o fundador da ciência moderna, para conceber aquelas colunas não mais como uma defesa, mas como uma barreira a ser infringida. Não é por acaso que no frontispício da *Instauratio Magna* ele representa um veleiro que ultrapassa as Colunas de Hércules e no pedestal referirá os versículos do profeta: "muitos ultrapassarão o umbral e o conhecimento aumentará" (Daniel 12, 4, *multi pertransibunt et augebitur scientia*).

Essa perspectiva será herdada e acelerada pelo Iluminismo e pelas várias ideologias futuristas que, em nome do kantiano "Ousa saber" (*Sapere aude*), estabelecerão como seus princípios a esperança e a utopia.

3. A exploração do mundo

Essa visão fechada, que mantém o homem dentro de certos limites, é desmontada por Lucrécio. No poema *A natureza das coisas* (*De rerum natura*), ele viola os dois tabus do *novum* e do *infinitum*; e o faz removendo as tranquilizadoras proteções que a tradição cultural e religiosa tinha aplicado à visão do mundo e repercorrendo a viagem da *ratio* de Epicuro para além das barreiras do universo (1, 62-79); o resultado é a restituição de uma imagem inicial e selvagem do mundo³. Uma viagem, a da *ratio*, já conhecida nos séculos VI e V a.C. pelos filósofos pré-socráticos, que o próprio Lucrécio lembra (1, 635-920), em particular com Heráclito e Empédocles, ambos autores de uma obra *Sobre a natureza*, uma espécie de sacerdote, o primeiro, e de xamã, o segundo. Na verdade, aquela viagem já tinha começado com Pitágoras (cf. acima, p. 17-18), o qual atribuía o título de filósofos (*philósophoi*) "aos que estudam atentamente a natureza".

O que significa realizar uma viagem da e na *ratio*? O que ela comporta?

Responder à alternativa se o universo é feito para o homem ou se o homem representa um acidente do universo significa dar respostas completamente diferentes a questões últimas e, consequentemente, ter uma diferente relação consigo mesmo, com os homens e com o mundo.

A viagem da razão lucreciana põe-nos à parte de uma espécie de divina epifania e nos revela que para além está a projeção dos nossos medos e o fruto da nossa ignorância. O

---

3. "Lucrécio restabelece a imagem 'selvagem' do universo, removendo todas as incrustações que a tradição cultural e religiosa a ele sobrepôs" (Luzi, M., Leggere Lucrezio equivale, in: Id., *Vicissitudine e forma*, Milano, 1974, 71).

Inferno é aqui, nesta vida (3, 1023, *hic Acherusia fit stultorum denique vita*): os condenados do Hades – Tântalo, Tício, Sísifo, as Danaides – representam as nossas existências malditas pelas malsãs crenças e paixões. Os deuses, encerrados num espaço cósmico circunscrito (*intermundia*), são inoperantes (*otiosi*) e sem interesse (*incuriosi*) por nossas vidas. Somos nós, vítimas da ignorância (*ignorantia causarum*) e do medo (*timor*), que julgamos estar neles a origem dos fenômenos naturais e a causa de nossos males, a ponto de inventarmos a religião (5, 1161 ss.) para no-los tornar propícios. Mas a religião nos estrangula com seus nós (1, 932 [= 4, 7], *religionum animum nodis exolvere*) e nos oprime com o seu peso (1, 63, *in terris oppressa [vita] gravi sub religione*), embora sendo manifestamente impotente, como testemunham as orações inúteis (*nequiquam*) dos estéreis, que invocam o dom da fertilidade (4, 1239), e dos empestados, que, na esperança de sobreviver, em vão se refugiam nos templos (6, 1272-1277); impotente e, além disso, criminosa, porque exige o sacrifício de Ifigênia para dar andamento à guerra de Troia (1, 83 *religio peperit scelerosa atque impia facta*).

Que lugar e que destino temos nós nesse universo sem os deuses? O mesmo de todas as coisas do mundo. Nós, mortais (3, 869, *vita mortalis*), somos governados pela transformação e pela morte sem fim (*mors immortalis*), e os movimentos de vida (*motus genitales*) enfrentam num eterno conflito (*ex infinito tempore*) os movimentos de morte (*motus exitiales*), sem que uns prevaleçam sobre os outros, porque o universo é governado pela lei da isonomia (2, 569-580), que garante uma simetria e equivalência dos opostos e, portanto, uma estabilidade perene. A vida dos homens e das coisas alterna o contínuo crescer e decrescer, desabrochar (*florescere*) e envelhecer (*senescere*): tudo e todos destinados ao ocaso e, mais ainda, a contínuos ocasos, pois os primeiros elementos, os átomos (*principia, primordia*), indestrutíveis e constantemente ativos, formam infinitamente novas criaturas e um novo mundo (2, 303); novos, múltiplos e infinitos mundos possíveis (5, 528, *in variis mundis varia ratione creatis*), nos quais há outras variadas e numerosas espécies de homens e de animais (2, 1076, *varias hominum gentis et saecla ferarum*).

Não existindo um único mundo e, portanto, um único centro ("não pode existir um centro porque o universo / é infinito": 1, 1070 s., *nam medium nil esse potest <, quando omnia constant> / infinita*), segue-se que o mundo assim concebido não é feito para o homem e que ele não está no centro. Este mundo, ou melhor, estes mundos são explicados não com o homem, não com os deuses, mas com a "fisiologia" (*ratio naturae*), a ciência da natureza que tudo governa (*natura gubernans*). E o que é o homem? O homem é um *individuum*, uma partícula da poeira e do agrupamento atômico, ou melhor, a estrutura dos átomos que o compõem, em absoluta solidão. A sua vida, as suas ações se submetem, como as coisas, às leis da física; é o fim do antropocentrismo clássico e marcadamente estoico, para o qual o mundo era para o homem, colocado no vértice da hierarquia dos entes (Crisipo, v. II, fr. 1131 e 1153 Arnim).

Naturae species ratioque (1, 146): a natureza referida à nossa razão (*ratio*) e visão (*species*). Assim, reduzido a olhar do real, o homem descobrirá uma nova *pietas*: a *pietas* da *ratio*, que consiste em compreender e guardar todas as realidades com mente serena: *pacata [...] omnia mente tueri* (5, 1203).

Essa mensagem revolucionária exigia também uma revolução da língua. Lucrécio o fará: antes de tudo, instaurando uma correspondência – ou melhor, uma coincidência – entre os átomos (*elementa mundi*), os princípios que formam (*constituunt*) as coisas (*res*), e as letras do alfabeto (*elementa vocis*), os princípios que designam (*significant*) as palavras (*verba*); em segundo lugar, aplicando à formação dos corpos as mesmas propriedades das letras para a formação das palavras: "combinação", "movimento", "ordem", "posição", "formas" (2, 1021, *concursus, motus, ordo, positura, figurae*): cinco vozes não comuns nem genéricas, mas específicas e técnicas da gramática. Como se dissesse que no princípio estava a gramática.

O empenho, ou melhor, a obsessão, de Lucrécio (1, 138 ss.) será o de criar, durante a vigília nas noites estreladas (*vigilare noctes serenas*), palavras novas (*verba nova*) adequadas à mensagem revolucionária (*res novae*) e reguladas pelos códigos da gramática. Nasce daí uma escrita caracterizada por células fônicas que, regular e ritmicamente, geram tessituras morfológicas e formações linguísticas segundo uma verdadeira "lei do dois": da repetição dos mesmos sons iniciais (aliteração) à repetição de palavras semelhantes no som (paronomásia) e na origem (figura etimológica), à reduplicação de hemistíquios, de versos e de inteiras seções de versos, até o espelhar-se de proêmios e finais. Por isso, o *De rerum natura* nos parece como uma catedral verbal de mais de sete mil versos, obra de um grande arquiteto: "um construtor de elementos primários".

Nessa direção caminhava também a leitura lucreciana de Italo Calvino: "Para Lucrécio, as letras eram átomos em contínuo movimento que, com suas permutações, criavam as palavras e os sons mais diversos; ideia [...] segundo a qual os segredos do mundo estavam contidos na combinação dos sinais da escrita [...]. A escrita modelo de todo processo da realidade"; portanto, "escrever é somente um processo combinatório entre dados elementos [...] não se pode saber uma coisa quando as palavras e os conceitos para as expressar e pensar não foram ainda usados naquela posição, não foram dispostos ainda naquela ordem, naquele sentido"[4].

---

4. A primeira passagem é tirada das *Lezioni americane*, Milano, 1988, 27 s.; a segunda de *Una pietra sopra*, Turim, 1980, 173 ss. (trad. bras.: respecti-

Uma conclusão se impõe: se o mundo do *De rerum natura* está escrito em caracteres gramaticais, quer dizer que ele é legível e contém uma mensagem "ordenada" e tranquilizadora para todos nós[5].

4. A exploração de si

"Primeiro, indago a mim mesmo e, depois, este nosso universo" (Sêneca, *Carta* 65, 15, *me prius scrutor, deinde hunc mundum*); Kant dirá: "a lei moral em nós, o céu estrelado acima de nós".

É esse o caminho seguido por Sêneca. Uma prioridade, a da introspecção, que partia de longe e contava com ilustres antecedentes – já o vimos – como Sócrates e Heráclito, mas que não comporta, de per si, um desinteresse pelos fenômenos naturais. Ou melhor. Nos últimos anos da sua vida (entre 62 e 64), Sêneca escreverá precisamente um tratado intitulado *Questões naturais* (*Naturales quaestiones*), retomando a pesquisa dos *Meteorológicos* de Aristóteles, da *Epístola a Pítocles* de Epicuro e, mais diretamente, o poema *A natureza das coisas* do próprio Lucrécio. Movido pela *curiositas* e pela *innata cupido noscendi*, ele examinará cientificamente todos os fenômenos naturais: dos trovões aos fogos celestes, das nuvens às cheias do Nilo, do arco-íris e dos raios às águas terrestres e subterrâneas, dos terremotos aos cometas.

---

vamente *Seis propostas para o próximo milênio*, Cia. das Letras, 1990; *Assunto encerrado*, Cia. das Letras, 2009.)

5. O oposto da ideia endossada por certa crítica romântica e psicanalítica que nos restituiu um Lucrécio amaldiçoado e angustiado (penso no *Lucrécio* imaginário de Marcel Schwob, 1896), contraditório e irracional (penso no *Anti Lucrezio in Lucrezio* de Patin, 1868). Essas leituras foram inspiradas nas notícias de São Jerônimo – na verdade frágeis e suspeitas, digamos até falsas – de Lucrécio suicida por amor, aos quarenta e quatro anos.

Mas é precisamente diante de tanta infinita maravilha (o *thámbos* aristotélico) que se tornam inevitáveis as perguntas últimas: quem é o autor e o zelador (*auctor an custos*) do universo? Qual é a essência de Deus (*quid sit deus*)? Ele é parte do universo ou é o próprio universo (*pars mundi sit an mundus*)? É destino (*fatum*), providência (*providentia*) ou natureza (*natura*)? A ideia de Sêneca é de que haja alguma coisa maior e mais bonita além de nossa vista (*maius* [...] *ac pulchrius* [...] *extra conspectum*) e que o que está no alto coincida com o núcleo mais profundo (*secreta*) da natureza e mais apropriado à natureza do divino. Esse olhar para o alto – diz Sêneca no proêmio da sua obra sobre as questões naturais –, além de nos explicar as *rationes* dos fenômenos, atesta a natureza divina da nossa alma contemplante.

Mas Sêneca – com a preocupação de que a pesquisa do cosmo, cara à tradição científica, o distraísse do conhecimento de si mesmo e da verdade interior, e de que o prioritário interesse filosófico se reduzisse a pura erudição, de que a *philosophía* descambasse para *philológia* (*Carta* 108, 23) – lança um anátema contra toda espécie de *curiositas* exterior (*A ira* 3, 11, 1, *ne fueris curiosus*) que o afaste da pesquisa do homem e da sua dimensão interior: uma paixão, ou melhor, uma obsessão, que ocupará Sêneca ao longo de todo o período da sua vida, das *Tragédias* a *Os benefícios* e, sobretudo, dos *Diálogos* às *Cartas*. A intenção é clara: reconduzir o mundo ao homem. Ele quer que seja o homem a deixar sua marca em tudo o que lhe acontece: o assalto das adversidades não demove o coração do homem forte, que permanece como era, e todos os acontecimentos, ele os assimila a si (*A providência* 2, 1 ss., *quidquid evenit in suum colorem trahit*). Importa, sentencia Sêneca, "não o que suportas, mas como o suportas" (*non quid sed quemadmodum feras interest*).

Para conseguir essa redução do mundo ao homem, Sêneca interiorizou três dimensões: Deus, o tempo, a língua.

Ele procura e encontra Deus dentro de si, a ponto de dizer: "Deus está a teu lado, está contigo, está dentro de ti" (*Carta* 41, 1, *prope est a te deus, tecum est, intus est*); "cada qual deve venerar a Deus no seu ânimo" (fr. 123 Haase [= 88 Vottero], *in suo cuique consecrandus* [*deus*] *est pectore*). Esse Deus senecano não é certamente o Deus da revelação cristã, quer porque não é um Deus pessoal e conhecido, mas anônimo e desconhecido (*Carta* 41, 2, *quis deus, incertum est*), quer porque não é depositário da graça nem autor da salvação, mas objeto da emulação e da rivalidade do *sapiens* (*Carta* 124, 23, *aemulator dei*): certamente um "fazer vistas grossas" consciente por parte dos Padres da Igreja, que se apressaram a definir Sêneca *noster* e a enumerá-lo até entre os santos.

O sábio reconhece e experimenta a qualidade e não a quantidade do tempo e da vida (*Carta* 70, 5, *qualis vita non quanta*), a utilização e não a duração (*Carta* 49, 10), porque sabe que entre um dia e um século não há diferença (*Carta* 101, 9, *nihil interesse inter diem et saeculum*). Ele está igualmente consciente de que "somente o presente existe" (Crisipo, v. II, fr. 509 Arnim); fiel ao princípio "vive o presente" (*A brevidade da vida* 9, 1, *protinus vive*), o sábio bloqueia com a lembrança o passado (15, 5, *transiit*), usa o presente (*instat*), preliba o futuro (*venturum est*); a concentração de todos os tempos torna-lhe longa a vida (*longam illi vitam facit omnium temporum in unum conlatio*).

Para representar essa redução do mundo ao homem, também Sêneca – como Lucrécio antes dele – recorre a uma linguagem adequada, capaz de transferir o significado do plano concreto ao abstrato, do exterior ao interior. É assim que constrói "a linguagem da interioridade" (Alfonso Traina), tudo jogado na polaridade das categorias "dentro"/"fora" (*intra*/*extra*), "ele mesmo"/"outro que não ele" (*suum esse*/*alienum esse*), "estabilidade"/"mudança" (*constantia*/*levitas*), "indivíduo"/ "multidão" (*unus/populus*). A língua marcava o divisor de águas entre o *sapiens* e o *populus*.

Sêneca (*Carta* 58, 1) dobra o léxico concreto e as linguagens técnicas ao uso interior e translato, sem criar, como Lucrécio, palavras novas (*verba nova*), mas atribuindo significados novos a palavras já conhecidas (*verba nota*). Assim, as metáforas da linguagem militar, política, agrícola, jurídica, médica, religiosa, econômica passam a significar e caracterizar a vida do indivíduo. Uma verdadeira subversão e um autêntico paradoxo: faz-se política, guerra, culto, jurisprudência, agricultura, economia, cuidados não mais com a cidade, com a batalha, o templo, o tribunal, os campos, o mercado, com o corpo, mas com o interior do homem. As *sententiae* senecanas, quer dizer, as frases fulgurantes e aguçadas como golpes imprevistos (*Carta* 100, 8, *subiti ictus*), remetem, de um lado, ao *genus acutum dicendi* da retórica estoica, e empregam, de outro, as linguagens técnicas próprias de um povo de agricultores, soldados, sacerdotes, políticos, juristas. Desse modo, Sêneca poderá reivindicar o direito à posse de si mesmo (*Carta* 1, 2, *vindica te tibi*), ao comando sobre si mesmo (113, 30, *imperare sibi maximum imperium est*), ao equilíbrio de si mesmo (*A brevidade da vida* 7, 7, *dispunge [...] et recense vitae tuae dies*).

É maciço também o uso dos verbos que indicam retorno, retiro, refúgio em si mesmo: *in se colligi, in se converti, in se recondi, in se reverti, ad se recurrere, in se revocare, in se recedere*, alternado com o menos frequente *in se secedere*. Com respeito ao *recessus*, que indica "retirada", "refúgio", "renúncia" (com o *re-* que indica um retorno ao próprio lugar), o *secessus* com o *se-* de separação indica "distanciamento", "oposição": lembremo-nos todos da "secessão" da plebe no Aventino. Nada estranho, diremos nós, para um intelectual perseguido por Calígula, exilado por Cláudio, condenado à morte por Nero.

Essa linguagem senecana da interioridade será herdada por Agostinho, Petrarca, Montaigne, e a ela, como a uma medicina – dirá Montesquieu (*Cartas persas* 33) –, recorrerá o homem europeu quando lhe acontece alguma desgraça.

Sêneca, portanto, é não só analista, mas também terapeuta da alma para os nossos dias. "Fazer por si", "transformar-se", "voltar a si mesmo" (*se formare, sibi vindicare, se facere, se ad studia revocare, sibi applicare, suum fieri, secum morari*): é tudo um vocabulário para indicar as diversas formas que deve assumir "o cuidado de si" (Michel Foucault).

Ulrich von Hassell, o autor do atentado a Hitler, foi visto lendo Sêneca no momento de ser levado ao patíbulo. O caro amigo e colega de Oxford Don Fowler, impossibilitado, em 1999, de participar do Congresso *Sêneca na consciência da Europa*, por causa de uma doença de prognóstico infausto, acompanhava a sua justificativa pela ausência com estas palavras: "Por uma ironia do destino, surpreendo-me lendo Sêneca, agora, com um interesse não meramente histórico, e espero com interesse ver se ele poderá me converter de neo-epicurista em neo-estoico".

Capítulo IV
APARÊNCIA E REALIDADE

1. Das trevas à luz

"Ele foi o primeiro a descobrir a norma de vida / que agora chamamos de sabedoria e mediante a técnica (*per artem*) / transportou a nossa existência das trevas / [...] para uma tão esplêndida luz" (Lucrécio 5, 9-12). A técnica de que se fala é a filosofia, a única capaz de divinas descobertas (6, 7, *divina reperta*) e capaz de nos fazer viver as coisas na luz. Uma arte necessária se, como julga Lucrécio (3, 55-58), a nossa vida estiver povoada de aparências e de falsidades que somente na hora do perigo (*in periculis*) e da sorte adversa (*in rebus adversis*) se manifestam como são. Somente então se revelam a qualidade (*qui sit*) e a verdade do homem (*verae voces*): a máscara cai e fica a realidade (*eripitur persona, manet res*).

Uma grande obra de "descobrimento" da verdade, precisamente *a-létheia*, é o *De rerum natura* de Lucrécio. Consciente da distância entre aparência e realidade e da diferença entre crer e entender, Lucrécio percebe qualquer diafragma e intermediação que esteja aninhada na religião, na política, no amor, no progresso, na língua, na morte; assim como nos parecem e como se afirmam, são todas formas de alienação e de engano.

Obviamente o caminho de Lucrécio é apenas uma das possíveis vias que podemos percorrer na compreensão da nossa existência, voltada a remover todas as contradições sem usar nenhuma forma de mediação. Pode-se proceder de modo não igualmente monolítico e alternativo: é a escolha de Sêneca o qual não somente conhece a mediação, como se faz também atravessar pelas contradições. Também ele tem faces a revelar, máscaras a serem tiradas, a começar pela da exterioridade e da vida inautêntica do *occupatus* – o atarefado, o alienado, quem está preso ao julgamento dos outros – contraposta à autêntica do *sapiens*, que conhece a lei da estabilidade e da autonomia interior. Sêneca observa com insistência a distância entre a aparência (*A consolação a minha mãe Hélvia* 5 e 6, *prima rerum species*) das coisas externas (*res adventiciae*) e a permanência do que está em nós (*in se*) e depende de nós (*a se*), até afirmar, com muita crueza, que "honras, riquezas, átrios espaçosos e vestíbulos apinhados de clientes, ilustre fama, esposa nobre e bela, até os filhos são coisas que não nos pertencem e ornamentos de outros que nos são emprestados" (*Consolação a Márcia* 10, 1, *ex adventicio* [...] *alieni commodatique apparatus*).

Que máscaras nos mostra esse duplo caminho indicado por Lucrécio e Sêneca?

2. O progresso, a língua e o poder

Uma das máscaras a serem tiradas é a da fé num processo linear e positivo da nossa história, ou seja, a ilusão do progresso. Lucrécio nos conta que, depois da primeira fase de vida ferina (5, 932, *volgivago vitam tractabant more ferarum*) e depois da sucessiva fase de vida civilizada (5, 1014, *tum genus humanum primum mollescere coepit*), na qual à descoberta do fogo, cabanas e peles os homens associaram o cultivo dos campos, formulação de pactos e fundações de cidades (5, 1011 ss.), seguiu-se a fase na qual as artes, quer práticas, quer liberais, chegaram a seu máximo desenvolvimento (5, 1448 ss.): "Naves e culturas dos campos, muros, leis, / armas, estradas, vestes e todas as outras invenções semelhantes, / [...] / cantos, pinturas, estátuas de bom acabamento artístico / [...] / chegaram ao cume último (*summum cacumen*)". Mas "os magníficos destinos progressivos" não são o que nos reservou a história. De fato, arte e técnicas dão início a uma espiral, um mecanismo perverso, uma proporção inversa entre progresso técnico-científico e regresso moral; justamente esse bem-estar estimula a avidez, o poder, a inveja e a ambição (5, 1113-1132) e desencadeia o mais monstruoso dos males, a guerra (5, 1434 s.).

Antes, no estado natural, os homens morriam por falta de alimento (5, 1007 ss., *penuria cibi*); agora, no estado civilizado, morrem por excesso de alimento (*rerum copia*); outrora, eles, os primitivos, morriam envenenados por ignorância (*imprudentes*), agora nós, os civilizados, envenenamos os outros com toda espécie de engano (*sollertius*). É significativo o emprego de *sollertius*, de *solla* (= inteira) e *ars*, como se dissesse que na corrida para envenenar o próximo recorrêssemos a toda sorte de arte, técnica, estratagema.

Foi decisiva a chegada de Epicuro, o qual deu à humanidade a técnica resolutiva, a *ars* suprema, a *sabedoria*, marcando o divisor de águas da história *ante Epicurum* e *post Epicurum natum*. Ele entendeu que se podia viver sem as descobertas do passado (5, 16, *cum tamen his posset sine rebus vita manere*), mas não se podia viver sem a mente e o coração puros (5, 18, *at bene non poterat sine puro pectore vivi*) e que as aflições, os males e a corrupção provinham de dentro de nós (6, 18, *intus*); e, portanto, a salvação devia ser confiada a palavras de verdade (6,

24, *veridica dicta*), as únicas capazes de pôr um fim à ambição e ao temor (6, 25, *finem statuit cuppedinis atque timoris*).

Também Sêneca tem saudades da simplicidade ética da era de ouro (*saeculum aureum*) e da vida primitiva (*rudis vita*), quando os homens não praticavam ainda a técnica (*sine arte*) e não conheciam nem devassidão (*luxuria*) nem avidez (*avaritia*), e um teto de palha os tornava seguros (*securi*) e livres (*liberi*). Então tinham tudo! (*universum habebamus*), enquanto hoje mármores e ouros nos trazem medo (*metus*) e escravidão (*servitus*). Mas Sêneca faz mais: contrariamente a Lucrécio, que considerava a *ratio* de Epicuro a técnica (*ars*) suprema e salvífica, ele – na *Carta* 90, sobre a civilização – faz distinção entre a nobreza da filosofia, que lida com as almas, e a vileza da técnica, que lida com as mãos. E conclui, em polêmica com Posidônio, que as artes não foram inventadas pela filosofia e, portanto, não se pode admirar do mesmo modo Diógenes, mestre de vida, e Dédalo, inventor da serra (n. 14). Uma posição tal que já pertencia a Pitágoras, o qual teve ocasião de declarar que não conhecia nenhuma técnica, mas que era um filósofo (cf. Cícero, *Discussões tusculanas* 5, 8, *illum artem quidem se scire nullam, sed esse philosophum*).

Se para Lucrécio a filosofia é a única "técnica" (*ars*) que faz a diferença, a aderência da língua às coisas é, decerto, garantia do pensamento não enganoso; já "os estultos admiram e amam mais do que tudo / todas as coisas que saem de palavras perturbadas (*inversa verba*) / e consideram como verdade o que pode prazerosamente acariciar / os ouvidos e se tinge de um som agradável (*lepidus sonor*)" (1, 641-644).

Eis por que a palavra exige uma transitividade direta para a coisa, sem nenhuma mediação: segundo a doutrina do Giardino, é válido um sistema binário, onde permanecem somente palavras (*tà semáinonta*) e coisas (*tà tygchánonta*). Portanto, interpretação e dialética, permitidas pelo sistema ternário estoico

– palavras (*phonái* ou *semáinonta*), coisas (*tà tygchánonta*), interpretações (*tà metaxù semainómena prágmata*) – devem ser abolidas. Isso valoriza o princípio epicurista da evidência cognoscitiva (*enárgeia*) que tinha o correlativo linguístico precisamente no caráter imediato e na transparência da expressão (*saphéneia*). Entende-se assim, ao lado da predileção de formas linguísticas arcaicas próprias do poeta Ênio, a preocupação pela explicação ou pela alusão etimológica (entre os muitos casos: *religio*, ora referida a *ligar* [1, 932 (= 4, 7)], *religionum animum nodis exsolvere pergo*], ora identificada com *superstitio* [1, 65, *quae (religio) super* [...] *instans*]; *caecigeni*, "cegos de nascimento", explicado em 2, 741 s., *solis qui lumina numquam / dispexere*; e *sollers*, "muito cauto", explicado em 1355 *longe praestat in arte* / [...] *sollertius*); mas, sobretudo, se compreendem – em polêmica contra a poética estoica – o uso do *nomen proprium* e a rejeição do *nomen translatum*: quer dizer, da metáfora (3, 131-135, contra o emprego metafórico do nome *harmonía*), da metonímia (2, 655-660, contra o emprego dos nomes de divindade para designar as coisas: Netuno para o mar, Ceres para as colheitas, Baco para o vinho) e, sobretudo, da alegoria confiada aos *inversa verba* e ao *lepidus sonor*.

A desmitificação absoluta a propósito da língua é desconhecida para Sêneca, o qual, embora sendo avesso às formas extremas de *obscuritas* e *subtilitas*, adota o repertório de imagens e de metáforas caras à Stoà, com a qual a exegese alegórica tinha adquirido "o caráter de um método científico"[1]. Registramos análoga atitude mórbida e compromissória a propósito da política, na qual ele acredita a ponto de ocupar os cargos mais altos e, sem escrúpulos por renúncias e compromissos, entrelaça seu destino com o dos três imperadores: Calígula, Cláudio e Nero. Conhece (cf. *Os benefícios* 6, 30, 3) a contra-

---

1. POHLENZ, *La Stoa*, v. I, 192.

dição de quem é poderoso e está na cúpula, paradoxalmente afetado pela pobreza (*inopia*), porque tem tudo (*omnia*), mas não tem quem lhe diga a verdade (*qui verum dicat*) e assim o livre do círculo dos falsos amigos e dos aduladores (*consensus concentusque falsorum*), que o fazem perder o contato com a realidade (*ignorantia veri*). E Sêneca resiste, até que, afastado do mesmo poder agora incontrolável e incorrigível, se retirará da cena pública, declarando querer servir não mais ao Príncipe e a Roma, mas à grande *Res publica* universal dos homens e resgatando com o suicídio a contradição entre *sermo* e *vita*, entre "prédica e conduta" (Carlo Carena), que o tinha acompanhado em toda a sua existência.

Na sua obra de desmascaramento, Lucrécio desde logo tinha considerado a política uma aspiração vã e esgotante, como a fadiga de Sísifo (3, 995 ss.). Ter e poder (3, 59 ss., *avarities et honorum caeca cupido*) são verdadeiras pragas (*vulnera vitae*), alimentadas, como a necessidade religiosa, pelo medo da morte (*mortis formidine aluntur*). Os homens poderosos por riqueza, honra e fama (6, 12-18, *divitiis homines et honore et laude potentis*) não têm angústias menores do que os outros homens (*nec minus esse domi* [...] *anxia corda*), porque ignoram que o mal e a corrupção provêm de dentro (*omnia* [...] *corrumpier intus*).

3. A ilusão do amor

Lucrécio indaga todas as chagas da vida humana para realizar sua obra de desmascaramento. De não menos ênfase, com efeito, é o empenho conceitual e linguístico com os quais desmascara a ilusão do amor. Basta que nos detenhamos sobre as palavras usadas para representar o amor e entendemos a crueza e a dramaticidade da insana paixão: ferida, preocupação, angústia, furor, raiva (4, 1048-1055), para não falar dos termos técnicos tomados de empréstimo da agricultura (4, 1107 e 1272 s.): semente, sulco (para o órgão feminino), arado (para o órgão masculino); e da guerra: assalto, sangue, golpes, corpo a corpo, armas (4, 1048-1055). Chega até a criar expressões originais e absolutas, como *dira cupido* (4, 1090), "o apetite monstruoso, bestial, contra a natureza" e *anxius angor* (3, 993), "a angústia atormentadora", o estado penoso e desesperado com o qual Lucrécio caracteriza e põe em comum o enamorado e o empestado (6, 1158) numa espécie de união de amor e morte. Cego pela paixão e desprezando o ridículo, o enamorado mascara a realidade e mitifica a própria mulher, atribuindo-lhe qualidades que não possui (4, 1153 s., *nam faciunt homines plerumque cupidine caeci / et tribuunt ea quae non sunt his commoda vere*).

Eis por que ele se protege bem até do mínimo aceno ao matrimônio, tornando-se mais radical do que o mestre Epicuro que admitia o conjúgio em raros casos (*raro*, fr. 19 Usener) e em certas circunstâncias da vida (*katà perístasin bíou*, Diógenes Laércio 10, 129). É sua intenção demolir a relação convencional de casal. Mas com que armas conceituais realiza tal ataque?

O sexo é de sinal positivo porque é um prazer natural (*secundum naturam*), como a fome e a sede, ao passo que o amor é de sinal negativo, porque obnubila a razão e subverte a natureza, cria desordem interior (*taraché*) e prejudica a imperturbabilidade (*ataraxía*). Enquanto o sexo, imposto pelo impulso (*libido*), pertence à fisiologia, o amor, imposto pela paixão (*cupido*), pertence à patologia. Lucrécio chega assim a teorizar o sexo sem amor, *Venus* sem *amor* (4, 1973 s.). E o faz seguindo a ciência epicurista, a qual, reduzindo a cultura à natureza, não conhece distinção de conduta sexual entre homens e animais. É memorável o princípio do Virgílio epicurista das *Geórgicas* 3, 244: "o amor é igual para todos" *amor omnibus idem*.

Sobre o amor em Sêneca não encontramos nenhum estudo especial nem consideração alguma: tão explícito sobre a amizade e sobre as paixões em geral quanto contido e afásico sobre o amor e o sexo. As poucas vezes em que fala a respeito do assunto, Sêneca não perde ocasião para definir e estigmatizar o amor como tempestade (*procella*) do ânimo (*A ira* 3, 10, 2), ímpeto irrefreável (*Carta* 104, 13, *indomiti impetus amoris*) e trágica loucura: em *Fedra* (vv. 195 ss., e 339 ss.) *amor* vem unido a *furor*. Diferentemente da amizade que sempre ajuda, o amor muitas vezes prejudica (*Carta* 35, 1, *amicitia semper prodest, amor aliquando etiam nocet*), porque, em vez de seguir a ordem da *ratio* e ir para o alto da *sapientia*, ele segue a *voluptas* precipitando para baixo do mundo animal.

E se olhássemos para a união entre homem e mulher como uma forma, um instrumento, um estratagema posto em campo para favorecer uma maior coesão social? Parece exatamente essa a posição de Sêneca; com efeito, ele declara que o *sapiens* estoico se casa (*Carta* 9, 17, *ducit uxorem*), e a respeito do matrimônio – que contraiu por duas vezes e sobre o qual tinha escrito um tratado (*De matrimonio*), hoje perdido e conservado nos testemunhos de São Jerônimo – afirma ser de necessidade espiritual e natural, em harmonia com o instinto de agregação social que preside a formação da comunidade humana. O entusiasmo com que fala do tratado o misógamo e misógino São Jerônimo nos induz a pensar que o pensamento de Sêneca estivesse em particular sintonia com a doutrina moral da Igreja; de fato, ele é lembrado como elogiador da moralidade (*pudicitia*) das *uxores optimae* e das *mulieres fortes* e, ao mesmo tempo, como fustigador da imoralidade (*impudicitia*) das matronas romanas.

4. O medo da morte

A religião é o fruto do medo (*timor*) e da ignorância (*ignorantia causarum*) e leva a melhor sobre as mentes incertas (Lucrécio

5, 1211, *temptat enim dubiam mentem rationis egestas*), convencidas de que os deuses são a causa dos fenômenos naturais e da boa e má sorte (5, 1194 s., *genus infelix humanum* [...] *talia divis* / [...] *tribuit facta*). Segundo Lucrécio, ela seduz não somente o povo e os ignorantes, mas também os filósofos naturais, os quais, *ignaros* e *infelizes*, reféns do sentimento da admiração (6, 59, *mirantur*), abdicam à razão e acabam por recair nos cultos que, de boca para fora, até dizem rejeitar (6, 62, *rursus in antiquas referuntur religiones*). O medo chantageia até os próprios intelectuais materialistas e ateus, os quais, apesar de seu ceticismo e de sua suficiência, no perigo e na dor cedem e se voltam para Deus com particular ardor (3, 54, *acrius advertunt animos ad religionem*).

Mas qual é o maior medo para o homem? É o *timor mortis*, o medo da morte; um medo que dobra os povos sob o jugo e as práticas da religião (1, 62 ss.), alimenta a insaciável libido do poder e do capital (2, 10 ss.; 3, 59 ss.), induz aos mais horríveis delitos (3, 70 ss.).

Tanto quanto a *cupido vitae*, o apego à vida, o *timor mortis*, o medo da morte, é para Lucrécio a chantagem mais poderosa, a mesma que alimenta a ilusão da sobrevivência e do além.

Diante da alternativa: a morte é fim ou passagem, *finis an transitus*, Lucrécio não tem dúvida. Inspirando-se na doutrina materialista de Demócrito e de Epicuro, ele demonstra a mortalidade e a natividade da alma, recorrendo a bem 29 provas físicas (3, 417-829), e conclui que a morte não pode nem causar medo nem criar infelicidade, porque "quem não existe mais não pode ser infeliz / e é como se jamais tivesse nascido" (3, 867 ss., *nec miserum fieri qui non est posse, neque hilum / differre an nullo fuerit iam tempore natus*) e declara que o único domínio é o da morte imortal (*mors immortalis*) que aniquila a vida mortal (*vita mortalis*).

O além com os seus tormentos não é senão o espelho das nossas doenças morais (3, 978-1010): o bloco suspenso sobre Tântalo é o nosso medo dos deuses (*divum metus*); o fígado de Tício devorado pelos abutres é a atormentadora angústia (*anxius angor*) de quando estamos apaixonados; o bloco em vão empurrado por Sísifo é o nosso esforço ambicioso e desastroso de ir atrás da quimera do poder (*imperium* [...] *inanest nec datur umquam*); buscar água em ânforas furadas por parte das Danaides é a nossa insaciável avidez (*animi ingratam naturam* [...] / [...] *satiare* [...] *numquam*).

O verdadeiro inferno não é o Aqueronte, é o além; nossa vida torna-se Inferno (3, 10, 23, *hic Acherusia fit stultorum denique vita*) todas as vezes que recusamos a visão e a análise da natureza (*naturae species ratioque*).

De cunho funcional é a sua adesão ao culto da religião: uma *religio civilis*, que Sêneca aceita não por fé nos deuses do mito ou nas prodigiosas manifestações da natureza, mas, como Sócrates, por respeito das leis da cidade (fr. 38 Haase [= 71 Vottero] *tamquam legibus iussa*); a sua religião era uma *religio* sem *pietas*, uma devoção sem fé, a ser confiada ao deus interior (cf. acima, p. 56).

Mais aberta e incerta é a reflexão senecana sobre a morte. A filosofia estoica tinha-lhe ensinado que a morte é *transitus*, passagem para a outra vida; ou ainda, *reditus*, retorno à pátria celeste, de onde partimos, ou mesmo *dies natalis*, o início de um novo nascimento; nesse dia, com efeito, proclama Sêneca (*Carta* 102, 28), uma luz divina (*divina lux*) nos fará sair das trevas da vida (*in tenebris vixisse*) e nos desvendará os mistérios da natureza (*arcana naturae*) negados às restritíssimas vias dos nossos olhos (*angustissimae oculorum viae*). Mas, alhures (*Carta* 63, 16), confirmando uma posição oscilante, até contraditória e não resolvida sobre a sobrevivência, ele parece duvidar da existência de um lugar (*fortasse* [...] *locus aliquis*), suposto pelos antigos filósofos, onde se pode encontrar, um dia, o amigo falecido, até chegar a posições niilistas, quando afirma que "depois da morte não há nada, e a própria morte é nada, / [...] atinge o corpo / e não poupa a alma" (*As troianas* 397 ss., *post mortem nihil est ipsaque mors nihil* / [...] *noxia corpori* / *nec parcens animae*).

É verdade que, diante da morte, "vacilou a fé do filósofo"[2] e que também Sêneca pretendia "superar a mortalidade" (*Questões naturais* 1, prefácio 17, *transilire mortalitatem*), procurando uma rota de fuga neste mundo. À pergunta *Mors quid est?* (*Carta* 65, 24) tinha respondido: "ou o fim ou uma passagem"; e continuava: "eu não tenho medo de parar de viver, pois é como não ter começado, nem mesmo de passar para outro lugar, pois em nenhum lugar me sentirei tão oprimido". Essa alternativa, ele a carregará consigo até o fim, sem a resolver. Como incerta e não resolvida fora a posição de Sócrates (Platão, *Apologia* 42a: "agora é hora de ir, eu, a morrer, vós a viver: quem de nós irá para a melhor meta é obscuro para todos, exceto para a divindade"; cf. *Fédon* 63c).

A morte é a grande pergunta, a *magna quaestio*, que o classicismo pagão removeu e não resolveu, na resignação de a considerar um acidente puramente natural: "chorar a perda de entes queridos não é menos tolo do que chorar a queda das folhas das árvores", dirá friamente Sêneca (*Carta* 104, 11); "morrer é uma lei não uma pena", recitará uma epigrama a ele atribuído (Riese, *Antologia latina*, n. 232, 7, *lex est, non poena, perire*). Não assim para Agostinho, o qual julgará a morte escandalosa e contra a natureza (*A cidade de Deus* 13, 6, *habet enim asperum sensum et contra naturam*).

---

2. MARCHESI, C., Il dubbio sull'anima immortale in due luoghi di Seneca, in: ID., *Scritti minori di filologia e letteratura*, Firenze, 1978, v. II, 726.

Entres tantas explicações e estratégias de superação, eu gostaria de destacar uma, não porque consoladora, mas simplesmente porque aprofunda suas razões no milagre da língua, como confirmação de que a língua gera o pensamento. Quem o diz é Alcmeão, um médico provavelmente do século VI a.C., quando diz que, diante da figura mais perfeita, o círculo, nós somos um círculo incompleto, imperfeito, um arco: precisamente "o arco da vida". No círculo, forma perfeita, início e fim coincidem, mas no arco, círculo imperfeito, início e fim não coincidem: "os homens morrem porque não podem unir o princípio (*arché*) com o fim (*télos*)" (fr. 2 Diels-Kranz).

Isso nos diz a língua, primeiro ainda do que a experiência; com efeito, por uma maravilhosa e tremenda ambiguidade linguística, a morte e a vida estão inscritas na mesma palavra *bios: bíos é vida, biós é arco*.

Agrada-me pensar que o aforisma clássico *ars longa, vita brevis* já prefigurava a duração da técnica em relação à não duração da existência individual.

SEGUNDA PARTE

INTERMEZZO
A primeira vez

"Um dia, estarão Sêneca e Platão a nos acolher no Paraíso, junto com os bem-aventurados e com os santos." Essas palavras do professor de religião no ginásio, um padre tão bom e místico, quanto austero e angustiado, marcaram o meu primeiro encontro – por assim dizer, intelectual – com Sêneca. É verdade que aquele anúncio não me deu particular conforto. Talvez tivesse preferido ter ouvido que estariam a me receber os meus entes queridos ou os meus amigos, mas tanto faz.

Já no ensino médio eu tinha encontrado Sêneca, ao traduzir versões marcadamente centradas nas virtudes e nos vícios dos homens: temas considerados apropriados para nós seminaristas.

Depois, no liceu, eu compreenderia a motivação e a origem daquela surpreendente declaração do sacerdote, quando aprendi que São Jerônimo tinha incluído Sêneca no "catálogo dos santos" e, mais em geral, que segundo certa interpretação continuísta muitos elementos culturais e espirituais do cristianismo estariam já presentes, implícitos ou explícitos, conscientes ou inconscientes, nos autores mais representativos do classicismo. Acima de todos, o Virgílio da quarta *Bucólica* (vv. 5-10), julgada até profética porque naquele *puer*, cujo nascimento se anuncia, estariam prefigurados o advento do Messias e o início da nova era: uma interpretação cristã cara a Dante que traduzirá aqueles versos de Virgílio (*Purgatório* 22, 70-72), seu guia espiritual para a viagem ao além.

Como Virgílio, também Sêneca, portanto, seria um precursor do cristianismo: alguém "che porta il lume dietro e sé non giova" ["que leva a luz e não se beneficia"][1]. Por isso, os Padres da Igreja o definirão *noster*, embora, depois, o confronto entre os textos senecanos e os textos cristãos teriam me feito ver um Sêneca não somente *antecristão*, mas também *anticristão*: testemunha não de continuidade e de convergência, mas de máxima descontinuidade e divisão entre o pensamento pagão e a mensagem da revelação, entre a vontade humana e a graça divina, entre a velha religião e a nova.

No exame de maturidade – 1967, liceu Mamiani de Pesaro – aconteceu-me ter de traduzir justamente Sêneca, ainda na roupagem de fustigador de costumes: uma passagem das *Cartas a Lucílio*, não difícil, mas constelado – lembro-me bem ainda – de insistentes e obsessivas *cupiditates, voluptates, insanae libidines*. Fiquei com a forte imagem de um Sêneca não moral, mas moralista, inspirador – como quer certa doutrina da Igreja – das virtudes cardeais – prudência, justiça, fortaleza e temperança – e, também, da codificação catequética dos sete pecados capitais.

Na universidade – minha *Alma Mater* –, diante do predomínio dos poetas augustanos – um autêntico referencial nos programas dos cursos –, o conhecimento de Sêneca limitou-se tão somente à leitura do diálogo *A brevidade da vida* num curso de gramática grega e latina: não o Sêneca da literatura, portanto, mas o das regras, com o cunho de um magistério todo

---

1. ALIGHIERI, D., *Divina Comédia*, *Purgatório*, canto XXII (N. do T).

centrado na gramática, que permitia traduzir corretamente do italiano para o latim, mas não de traduzir igualmente bem para o italiano a riqueza e o colorido das palavras latinas.

Despedindo-me dos estudos universitários, sentia-me, ao mesmo tempo, com curiosidade e devedor em relação a um autor que tinha escrito sobre tudo, até sobre si mesmo; de fato, Sêneca não tinha tido necessidade, como Sócrates, de um Platão que nos contasse a sua vida.

Eu sabia, superficialmente, não de um só Sêneca, mas de muitos Sêneca: o cientista, autor das monumentais *Questões naturais*, sobre as quais também se interessaram Goethe e Leopardi; o tragediógrafo, autor de dramas que influenciaram Shakespeare e impressionaram Eliot; o político, confidente, conselheiro e primeiro-ministro de Nero, que apaixonará tanto Diderot; o moralista, autor dos *Diálogos* e das *Cartas* pelas quais Dante fez dele o representante da "filosófica família".

Eu percebia não somente uma lacuna cultural, mas também um débito intelectual que eu deveria saldar.

Lucrécio, eu o li pela primeira vez numa antologia do liceu. Acho que era *Alme sol* [*Ó sol criador*]; poucos versos para cada livro, a começar do inevitável *Hino a Vênus*, mas sem o quarto livro, omitido integralmente porque naquele texto Lucrécio dessacralizava o amor e exaltava o sexo. Com essas censuras, como se gosta de repetir com frequência, se quer impedir que os rapazes descubram nos livros o que já aprenderam na vida.

O encontro verdadeiro foi na universidade, quando, por ocasião da tese, ao professor que me ofereceu a alternativa entre Pérsio e Juvenal, contrapus: "ou Lucrécio ou peço a tese em grego, se me permite". Não foi fácil, mas ter me saído bem nos exames orais (dois de Literatura e três de Gramática grega e latina) e ter me distinguido na versão do italiano para o latim – uma prova de resistência humana mais ainda que de língua, na qual, palavra do professor, "trinta eus *não daria nem a*

Cícero" – fizeram-me sair indene daquela passagem realmente estreita. Somente depois é que me dei conta de ter resistido a um catedrático, que a bedel chamava de "catedral"; e como ela mesma definia como "insistentes" os seus "assistentes", era evidente que aquela vivaz senhora dos Apeninos bolonheses, tendo no currículo apenas a formação elementar, rotulava com divertida e tremenda ironia um estilo acadêmico que não podia passar inobservado.

Na escolha de Lucrécio teve influência, sem dúvida, o clima cultural daqueles anos; com efeito, a novidade conceitual e o vigor polêmico do *De rerum natura* casavam-se com a rebeldia e o antagonismo do início dos anos de 1970, quando o vento para nós, jovens, soprava não no rosto, mas pelas costas.

Teologia e religião em Lucrécio e Epicuro: era esse o assunto da tese, que me permitia entrar em sintonia com a reflexão religiosa, que, naqueles anos, estava mais do que nunca presa à reflexão política, quer no pensamento de matriz marxista, quer no de inspiração cristã.

O título da pesquisa, os interesses pessoais e os sinais dos tempos conspiraram na direção de um trabalho de tipo predominantemente conceitual, nos confins da filosofia, fazendo correr a reflexão num duplo paralelo: de um lado, o confronto entre o aluno Lucrécio e o mestre Epicuro e, mais em geral, entre Roma e Atenas; de outro, o confronto entre o antigo e o atual.

Depois de vários anos, percebi a necessidade de voltar a Lucrécio e de nele permanecer por muito tempo. Entendia eu que aquele que, ignorado e banido por séculos, tinha influenciado a arte de Botticelli, a filosofia de Giordano Bruno, os pensamentos de Montaigne, a poesia de Tasso e Foscolo e que não escapara à atenção de Maquiavel, Leopardi e Einstein não podia ficar fechado numa tese de doutorado; mas, sobretudo, eu percebia que não tinha penetrado no texto, que tinha fiado somente o limiar. Eu estava certo de que o *De rerum natura*, aquela catedral verbal de mais de sete mil versos, continha na sua estrutura mais do que mostrava na aparência, mais do que me tinha explicado certa crítica, mais do que me tinham estimulado as minhas desenfreadas interrogações juvenis. Além da sedução pela fúria iconoclasta daquele apóstolo da razão – do qual possuímos uma única notícia, além do mais falsa, em relação ao suicídio – permanecia sem resposta toda a vontade de entender a lei genética daquele texto: áspero e trágico, encantador e devastador.

Lucrécio e Sêneca: autores imprescindíveis e de pensamento forte não somente porque marcaram a história do pensamento europeu com a curiosidade do conhecimento, a radicalidade da razão, a novidade da língua, mas, sobretudo, porque são símbolos e paradigmas de duas concepções e tradições rivais do mundo. Divididos e antagonistas a respeito de tudo, dos problemas penúltimos aos últimos: escolher a política (*negotium*) ou a antipolítica (*otium*)? Permanecer sozinho na margem, a observar (*spectare*) as tempestades da vida, ou subir a bordo (*agere*) sem se importar com os companheiros de viagem? Adotar as leis do cosmo ou as leis do eu, da física ou da moral? O *finis* é um "confim" a ser ultrapassado ou a ser respeitado? As Colunas de Hércules são uma proteção ou uma limitação? O exemplo dos pais (*notum*) ou a revolução dos filhos (*novum*)? Diante de Deus e da morte, crer ou entender?

Lucrécio e Sêneca: os dois escreveram palavras duradouras e ganharam a sobrevivência que um negava e o outro desejava. Por séculos, resistiram contra o esquecimento (Lucrécio, eclipsado por toda a Idade Média, será casualmente redescoberto em 1417 por Poggio Bracciolini num mosteiro não distante de Constança), condenações e conjuras do silêncio: transcritos, traduzidos, comentados, ferozmente censurados ou entusiasticamente elogiados. Ambos, sinal de contradição, ou simplesmente herma bifronte, imagem do *homo duplex*. Julguei significativo que uma parte da crítica tenha reconhecido Lucrécio no busto que – proveniente da Villa dei Papiri, de Herculano, e conservado no Museu Arqueológico Nacional de Nápoles – uma longa tradição tinha erroneamente identificado com Sêneca: no mesmo rosto, severo e pensativo, quis-se ver ora o estoico Sêneca, ora o epicurista Lucrécio. Também os falsos historiadores veiculam mensagem de verdade.

Lucrécio e Sêneca retornam ainda hoje aos bancos de escola, nas pesquisas e nos estudos sobre a realidade natural e sobre a alma, nos festivais de literatura e filosofia. E retornam à reflexão diurna e noturna de cada um de nós, sobretudo de quem os frequentou toda uma vida, a ponto de não distinguir mais se a companhia desses "antigos homens" seja mais paixão ou profissão.

Toda vez que se alinha com um, é assaltado pela dúvida se a razão não estará com o outro: porque ambos escreveram para nós e de nós. Ícone da bigamia do nosso pensamento e da nossa alma.

É inútil lhes pedir paz, porque são *naturaliter* antagonistas e questionadores. São *methórioi*, homens de fronteira que se lançaram "para além do confim".

É o desafio que os pesquisadores do pensamento de ontem lançam aos viajantes sedentários de hoje.

Para respeitar e refletir a "diversidade" deles, "dramaticidade" e "permanência", era necessário ir além dos primeiros encontros juvenis, além dos filtros das ideologias, além dos óculos da crítica. Portanto, pareceu natural fazê-los encontrar na forma aproximativa e viva do *dia-logo*, quando a palavra e a razão (*logos*) do homem cruzam e atravessam (*dia-*) a palavra e a razão do outro. E, às vezes, pareceu-me surpreendê-los a falar de questões que nos diziam respeito.

Os clássicos nascem póstumos.

DIÁLOGO ENTRE LUCRÉCIO E SÊNECA

> "Quando os deuses não existiam mais e Cristo ainda não, houve, entre Cícero e Marco Aurélio, um momento único em que existiu o homem. Sozinho."
> GUSTAVE FLAUBERT

SÊNECA – Este encontro, Lucrécio, é para mim feliz e inesperado. Conhecer pessoalmente quem admiramos nos livros é sempre uma surpresa, além de um prazer da alma.

Gostaria muito de saber sobre ti, porque não sabemos nada, enquanto de mim todos sabem tudo: origem espanhola, família equestre, um pai que tinha planejado para mim uma vida não de filósofo, mas de homem de finanças, mãe atenciosa, filho médio entre o irmão mais velho, dedicado à filosofia, e o mais novo, à política, um filho morto quando criança, duas esposas, poucos amigos, estudos de retórica e de filosofia, antes em Roma e, depois, no Egito, junto com a tia materna, para cura de minha asma, carreira política entre bruscas prisões e indubitáveis sucessos. Homem novo, afirmei-me entre os nobres da Urbe[1].

Tudo isso eu mesmo contei em meus escritos[2]; depois, outros andaram fazendo recamos a respeito, sobrepondo a verdade; mas, com a decisão de me tornar homem público, levei em consideração perder a inocência.

Mas de ti, em teus sete mil versos, nada da tua vida privada, nada da pública. Para todos não foste senão um nome, o autor do poema *A natureza das coisas*.

LUCRÉCIO – Jamais gostei de confrontos e de confidências com estranhos, sobretudo com adversários; mas agora que cada um de nós dois travou a própria batalha – e sabemos qual o resultado – como poderia eu me esquivar?

Minha vida não deu o que falar e, diferentemente da tua, não conheceu nem promoção nem autopromoção. A isso tu soubeste prover sozinho, sem precisar esperar, como Sócrates, um Platão ou um Xenofonte. Meu pai era de família senatorial, da *gens Iulia*, de simpatias cesarianas, coisa, aliás, comum a muitos epicuristas da época. Também meu filho, convencido dessa causa, partiu para a guerra e morreu em Filipos, lá onde se batera a juventude republicana de então.

---

1. Tácito, Anais 14, 53, 5, *egone, equestri et provinciali loco ortus, proceribus civitatis adnumeror? Inter nobiles et longa decora praeferentis novitas mea enituit?*

2. De Sêneca temos: *Diálogos*, *De clementia* (mais da metade perdido), *De beneficiis*, *Naturales quaestiones*, *Epistulae morales* (dos quais foram perdidos os livros XXI e XXII), *Ludus de morte Claudii*, nove tragédias (mas o *Hercules Oetaeus* é de autoria duvidosa). Não chegaram até nós: *De situ et sacris Aegyptiorum*, *De situ Indiae*, *De matrimonio*, *De motu terrarum*, *De forma mundi*, *De officiis*, *De amicitia*, *De immatura morte*, *De superstitione*, *Exhortationes*, *Libri moralis philosophiae*.

Jovenzinho ainda, dediquei-me à filosofia de Epicuro e, para ir ao encontro dessa paixão, meu pai me mandou para Herculano e para Nápoles, como hóspede de Calpúrnio Pisão, o sogro de César, para acompanhar as aulas de Filodemo de Gádara e do seu aluno Sirão. Lá, para onde, de tanto em tanto, eu voltava, para fugir ao caos de Roma e me encontrar com os amigos, acabei os dias da minha vida.

Sempre me mantive longe dos lugares tomados pela multidão e pelo clamor, lugares a ti familiares: o Campo de Marte, o Circo Máximo e, sobretudo, o Fórum. Em Roma, eu me sentia como uma espécie de erro no registro civil; os outros, porém, sobretudo os poetas formados, vindos de fora, como tu, estavam todos seduzidos e obcecados pela capital: Catulo, que veio de Verona, Virgílio, de Mântua, Ovídio, de Sulmona, Horácio, de Venosa. Todos em busca de protetores e à caça de mecenas.

SÊNECA – Também meu pai frequentou a vivenda dos Pisões, onde continuava a se reunir a aristocracia intelectual romana[3].

A propósito dos poderosos, nem mesmo tu te furtaste à amizade deles; fizeste súplicas a Mêmio e até o invocaste como se fosse um deus ou um herói[4].

LUCRÉCIO – Eu admirava o sogro de Sila, grande cultivador da literatura grega, que preferia à latina. Foi ele quem me

---

3. Permitam-me a ousada hipótese da presença de Sêneca pai na vivenda de Herculano, com base em uma recente descoberta de um papiro (cf. PIANO, V., Il PHerc 1067 latino. Il rotolo, il testo, l'autore, *Cronache Ercolanesi*, v. 47 [2017] 163 ss.).

4. 1, 42, *Memmi clara propago*; 5, 8, *inclute Memmi*.

iniciou na divina poesia de Empédocles[5]; por isso, dediquei a ele o meu poema. Mêmio era para todos nós uma esperança de paz e de liberdade, mas, depois, a ambição política, exaltada por uma diabólica habilidade retórica, dominou-o. Em poucos anos, tinha se tornado tribuno da plebe, pretor e governador da Bitínia; depois, aspirante a cônsul, traiu Pompeu, seu parente, por César; acusaram-no de manobras eleitorais e foi obrigado ao exílio em Atenas. Lá, no quarteirão de Melite, precisamente sobre as ruínas da casa de Epicuro, pretendia construir uma luxuosa vivenda; com dificuldade amigos comuns o impediram de realizar aquele ímpio projeto[6].

Foi uma grande desilusão. Mantive o seu nome no meu poema, porque também isso é amizade.

SÊNECA – Embora tenhamos em comum o amor pela filosofia, vivemos em duas Roma muito diferentes. Ensinaram-me isso também as narrativas de meu pai; ele viu a república se tornar principado.

LUCRÉCIO – Quase um século separou as nossas vidas; um século durante o qual Roma conheceu o próprio colapso moral e político: a febre do poder [*ambitio*] e a loucura pelo dinheiro [*avaritia*] substituíram o direito e o bem comum[7].

---

5. Por parte de Lucrécio, Empédocles era criticado como filósofo (1, 711 e 740 ss.), mas com inflexões divinas admirado como poeta (1, 730, *sanctus*; 1, 731, *divinum pectus*): uma espécie de xamã que atingirá a imaginação de poetas, filósofos e até de escritores modernos (será um dos personagens de maior sucesso da *Vite immaginarie* de Marcel Schwob).

6. Refere-o Cícero, *Cartas a Ático* 5, 11, 6.

7. *Ambitio* e *avaritia* são os dois vícios principais para Lucrécio (3, 59) e a causa da dissolução da República pelo seu contemporâneo Salústio (*Catilina*, 11, 1).

As conquistas no Oriente, antes, e as guerras civis, depois, mudaram a natureza dos cidadãos; Optimates e Populares, transformados em facções, e a classe dirigente, em casta; desvirtuados os cargos, não mais anuais e colegiais, mas arbitrários e pactuados; a investidura popular substituída pelas armas dos legionários. Roma, de capital das virtudes civis tornara-se um grumo de delitos; daquele século, todos terão na memória somente as violências de Mário, as proscrições de Sila, a revolta de Espártaco, a maquinação subversiva de Catilina, as mortes de César e de Cícero; e sentença desdenhosa de Jugurta de que em Roma tudo está à venda: *Romae omnia venalia*. Escancaradas as portas à ditadura, não restava aos melhores senão formar seu partido.

O meu século foi violento e breve.

SÊNECA – A liberdade foi arquivada, mas pôr todo o poder nas mãos de um só foi mal menor: as guerras civis cessaram e Roma voltou ao centro. O custo foi pesado, sei muito bem disso; o povo, então, sofreu uma mutação e de pedra angular do Estado, de dignidade como a do Senado [*Senatus Populusque Romanus*], degenerou em turba de clientes, massa de manobra eleitoral para os demagogos, multidão corrupta e corruptora que não tem escrúpulo de confiar o poder ao pior[8].

Para Cícero, filosofia e retórica eram instrumentos para defender *os* cidadãos; para mim, para defender-me *dos* cidadãos.

Então, durante a república, morria-se a favor do povo, durante o principado, por causa do povo.

O próprio Horácio não tinha talvez definido o povo como uma besta de muitas cabeças?[9]

---

8. *Fedra*, 983 ss., *tradere turpi fasces populus / gaudet*.
9. *Epístolas* 1, 1, 76, *belua multorum es capitum*.

Se queres te salvar, evita a multidão. Toda vez que se sai de casa, volta-se diferente, pior, mais ávido por dinheiro, poder e luxo. A companhia dos homens nos faz mais cruéis e até mais desumanos[10].

LUCRÉCIO – Mais do que as origens e os tempos, porém, foram nossas doutrinas a nos contrapor, os julgamentos dos pósteros a nos dividir.

SÊNECA – A despeito dos mal-entendidos, das polêmicas e más línguas, muita coisa nos aproxima. Foram contemporâneos, até mesmo coetâneos, os nossos mestres, Zenão e Epicuro, dois mestres de liberdade e de autonomia: a impassibilidade [*apátheia*] para nós, a imperturbabilidade [*ataraxía*] para vós.

Epicuristas e estoicos sempre representados em duas frentes adversas: mas eu próprio, à custa de me expor até às críticas dos meus, os defendi dos que os caluniaram, chegando a afirmar que Epicuro ensinou preceitos severos e até santos[11].

E se eu te dissesse que tenho um débito de reconhecimento todo pessoal em relação a ti? Sim, porque nas *Questões naturais* eu segui tuas pegadas.

Para quem vier depois, o tempo e os registros civis são mais benévolos.

LUCRÉCIO – De modo algum me sinto em desvantagem por ter vivido antes; amo as primogenituras.

---

10. É o que Sêneca disse na *Carta* 7, 1-3, *quid tibi vitandum praecipue existimem quaeris? Turbam* [...] *Inimica est multorum conversatio* [...] *Utique quo maior est populus cui miscemur, hoc periculi plus est* [...] *Avarior redeo, ambitiosior, luxuriosior? Immo vero crudelior et inhumanior, quia inter homines fui.*

11. *A vida feliz* 13, 1, *invitis hoc nostris popularibus dicam: sancta Epicurum et recta praecipere.*

Eu, teu guia para as tuas *Questões naturais*? Mas citas um verso meu sem sequer me mencionar![12]

É verdade: tu exaltas quase com as minhas mesmas palavras o desejo inato de indagar a natureza e ultrapassar as barreiras do universo[13], mas, depois, o interesse científico é retirado e até negado em todas as outras obras, a favor do imperativo categórico "não ser curioso"[14], obcecado pelo mandamento délfico "conhece-te a ti mesmo", que avilta qualquer interesse pela natureza e pela ciência. A *curiositas* o que é para ti? Um intervalo, uma distração do pensamento, um tributo à filosofia grega? Duplicidade de pensamento a tua, Sêneca!

SÊNECA – Mas noutro lugar, além de partilhar o teu pensamento, eu te nomeei expressamente[15].

LUCRÉCIO – Sim, mas julgaste falso um dos pontos centrais da minha doutrina, quando declaro que para os estultos, vítimas empobrecidas da ignorância, fica tudo escuro, mesmo em pleno dia[16]. Conheço bem essa tua dupla norma, a mesma de Cícero: na correspondência particular com o irmão Quinto,

---

12. *Questões naturais* 4b 4: com a expressão anônima *alius poeta*, Sêneca cita o verso lucreciano de 1, 313, *stilicidi casus lapidem cavat*.

13. *A vida retirada* 5, 3, *curiosum nobis natura ingenium dedit*, e 5, 6, *cogitatio nostra caeli munimenta perrumpit*, fazem eco a Lucrécio 1, 70 ss., *Effringere ut arta / naturae primus portarum claustra cupiret / [...] extra / processit longe flammantia moenia mundi / atque omne immensum peragravit mente animoque*.

14. *A ira* 3, 11, 1, *ne fueris curiosus*.

15. *A tranquilidade da alma* 2, 14, *ut ait Lucretius*, "*hoc se quisque modo <semper> fugit*" (retomada de 3, 1068 com o acréscimo de *semper*). Lucrécio é nomeado também nas *Cartas* 95, 11 (com citação de 1, 54-57) e 106, 8 (com citação de 1, 304); na *Carta* 58, 12 Lucrécio aparece em uma lista de nomes insossos ao lado de Catão e Cícero.

16. *Carta* 110, 7, *sed falsum est, Lucreti, non timemus in luce* (a referência é 2, 55 s.).

elogia explicitamente o pensamento e a letra do meu poema[17], mas nas obras públicas atribui a si o mérito de ter sido o primeiro a introduzir em Roma a filosofia e de ter até criado a língua filosófica[18]; quando todos sabem que fui eu o primeiro a transferir a filosofia dos gregos para a língua de Roma. Ignorou-me, como se eu não existisse, embora já faça pelo menos dez anos que o meu *De rerum natura* é de conhecimento de todos e dele em primeiro lugar[19].

A verdade é que eu era embaraçoso e nomear-me era um problema para ti; não assim Virgílio, que tu chamas de "o maior dos poetas"[20] e citas continuamente[21]. Também ele, que repete a cada página os meus versos, nenhuma vez se lembrou de mim. Para quem veio depois de mim, somente Ovídio ousou cantar loas a meu nome[22].

Mas a maldição da minha memória até quando vai durar?

SÊNECA – Procuras desforras? Pedes ressarcimentos? Por que só vês hostilidades por toda parte? Preferível *é* pensar nos pontos de contato entre as nossas doutrinas: procuramos as mesmas felicidades, cultivamos a mesma ideia do sábio, expe-

---

17. *Carta ao irmão Quinto* 2, 9, 3, em que ele diz que o poema de Lucrécio chama a atenção tanto por *multa lumina ingenii* quanto por *multa ars*.
18. *Discussões tusculanas* 1, 5 s., *philosophia iacuit usque ad hanc aetatem nec ullum habuit lumen litterarum Latinarum* [...] *Qua re si aliquid oratoriae laudis nostra attulimus industria, multo studiosius philosophiae fontis aperiemus*.
19. A questão é controversa, mas não se exclui que Cícero tenha sido o primeiro editor do poema de Lucrécio (cf. CANFORA, L., *Vita di Lucrezio*, Palermo, 1993).
20. *A brevidade da vida* 2, 2, *maximus poetarum* (mas alguns o identificam com Homero, outros, com Menandro).
21. Virgílio é citado por Sêneca cento e dezoito vezes, por cento e noventa e um versos.
22. *Os amores* 1, 15, 23 s., *carmina sublimis tunc sunt peritura Lucreti, / exitio terras cum dabit una dies*.

rimentamos a mesma desconfiança em relação ao vulgo; e criamos uma língua.

LUCRÉCIO – Nem desforras nem ressarcimentos. Objetivar, não interiorizar, é essa a questão. Interessam-me os fatos, o estado das coisas, bem como a justiça, que está nos fatos e nas coisas. Sabes muito bem que a minha razão de viver foi a ciência das coisas, o exercício da razão, que é a única que ilumina e que nos força para a verdade. Primeiro mandamento: não dizer coisas falsas!

SÊNECA – Como não estar de acordo? Quem confia na razão e ama a verdade mais do que nós, estoicos?

LUCRÉCIO – Então, explica-me: de ti, que te suicidaste, como todos sabem, Jerônimo escreveu que foste assassinado por Nero[23]; de mim, porém, do qual ninguém sabe nada, escreveu que me teria suicidado aos quarenta e quatro anos, louco de amor[24]. Entendo que se encontrava mais à vontade com um espiritualista do que com um materialista; entendo que ele preferia salvar a ti e condenar a mim; entendo que quem vê somente amigos e inimigos perde a lucidez; mas, diz-me, Sêneca, se podem sequestrar os fatos, negar a verdade, propalar desse modo a falsidade?

---

23. *Os homens ilustres* 3, 12, *a Nerone interfectus est*.
24. As pouquíssimas informações que temos sobre a vida de Lucrécio são confiadas a um testemunho de São Jerônimo (século IV d.C.): "no ano 94 nasce o poeta Tito Lucrécio; ele, enlouquecido por uma poção do amor (*amatorio poculo*), depois de ter escrito, em momentos de lucidez (*per intervalla insaniae*) vários livros, posteriormente publicados por Cícero, suicidou-se aos quarenta e quatro anos (*propria se manu interfecit anno aetatis XLIV*)".

Por que Jerônimo, que se mostra tão informado sobre os mínimos detalhes da minha crônica, não nomeia nem a cidade onde nasci, nem aquela na qual morri, como habitualmente faz com os outros poetas?

A tanto não se aventurou nem um irascível defensor da nova religião, como Lactâncio, que me considera o mais falacioso dos poetas e que não compartilha em nada do meu pensamento[25]; com efeito, no seu elenco dos suicidas, enquanto aparece Demócrito, de quem também me lembro[26], nenhuma palavra a meu respeito.

SÊNECA – Também eu, confesso-te, jamais acreditei no testemunho do teu suicídio; considero-a uma falsificação maliciosa e isolada que não tem respaldo e mal se harmoniza com o silêncio geral dos outros escritores cristãos, os quais, com esse lamentável fim, encontrariam um ótimo argumento de propaganda.

Com relação a meu fim, hás de admitir que é pouca a diferença entre dizer que me suicidei ou que Nero me assassinou; a verdade é que a esse fim fui obrigado pelo Príncipe como única saída [*exitus*]; sim, para sair com dignidade e ganhar a liberdade na última trincheira possível, a da interioridade.

Por várias vezes pensei em acabar com tudo, mas me segurou o pensamento do velho pai, que me queria um bem da alma; sopesei não quanta coragem me seria necessária para enfrentar a morte, mas quanta deveria ser necessária a ele para suportar a minha falta. Portanto, impus-me viver, confortado pelos estudos e pelo afeto dos amigos.

---

25. *As divinas instituições* 2, 3, 11, *poeta inanissimus*; *A obra de Deus*, 6, 1, *omnia* [...] *delirat Lucretius*.

26. 3, 1041 *sponte sua leto caput obvius obtulit ipse*.

Às vezes, *até viver significa comportar-se com coragem*[27]; mas, afinal, saí por essa porta, muito estreita, na verdade. Talvez, algum dia, alguém há de me censurar por ter sido o meu suicídio até mesmo um ato de velhacaria[28], mas eu penso que o julgamento sobre a nossa vida cabe aos outros, mas somente a nós cabe o juízo sobre a morte[29].

LUCRÉCIO – Acrescento que o mesmo Jerônimo, que inventou o meu suicídio, não só te enumera entre os cristãos, como crê na tua amizade e correspondência com Paulo de Tarso e até te inclui entre os santos[30].

SÊNECA – Vou ser muito sincero. A novidade dessa amizade foi alimentada pelo fato de que meu irmão Gálio, governador da Acaia, livrou Paulo das acusações dos judeus de Corinto[31]. Mas aquela correspondência está claramente desprovida de fundamento: o conteúdo é meu, mas não o estilo das cartas; nem de Paulo. Na verdade, aquele epistolário servia à nova religião, para ser introduzida no ambiente judaico-cristão de Roma.

---

27. *Carta* 78, 2, *aliquando enim et vivere fortiter facere est*.
28. *Carta* 70, 13, *aliquis dicet me parum fortiter fecisse*. Sêneca quase parece prever o julgamento inquestionável de Agostinho sobre o suicídio, começando com o de Catão, *A cidade de Deus*, 19, 4 "Pergunto: mas aquele famoso Catão cometeu suicídio por um ato de tolerância (*patientia*) ou, antes, por incapacidade de suportar (*impatientia*)? Na verdade, ele não teria feito isso se não tivesse enfrentado sem paciência a vitória de César. Onde está então sua coragem (*fortitudo*)?".
29. *Carta* 70, 12, *vitam et aliis adprobare quisque debet, mortem sibi*.
30. *Os homens ilustres* 12, 15, *in catalogo sanctorum*.
31. *Atos dos Apóstolos* 18, 14-16: "Paulo ia tomar a palavra, quando Galião falou aos judeus: 'Se fosse por causa de um delito ou de uma ação criminosa, seria justo que eu atendesse a vossa queixa. Mas como é questão de palavras, de nomes e de vossa lei, tratai disso vós mesmos. Eu não quero ser juiz nessas coisas'. E ele os expulsou do tribunal".

LUCRÉCIO – Nós, epicuristas, não só fomos difamados, mas também excomungados, expulsos de Roma e perseguidos; e vós, considerados precursores do cristianismo e até beatificados! Mas quem, um dia, quiser escrever sem animosidade e facciosidade a história da nossa filosofia, deverá admitir que a nossa mensagem tem muitos pontos em comum com a cristã, mais do que a da Stoà: o conceito de amizade [philía], o valor da comunidade, a atenção a categorias marginais como mulheres e escravos, a reestruturação do tributo a César, o distanciamento do poder; o próprio elenco dos vícios capitais, antes de ser vosso e cristão, é nosso. Até Lactâncio aplica a Cristo o meu hino a Epicuro![32]. Durante a celebração dos mistérios pagãos, ao grito do vendedor de oráculos "fora os cristãos", a multidão respondia "fora os epicuristas"[33]: ambas as doutrinas foram alvo de acusações de ateísmo, porque inimigas da religião de Estado.

É um passado humilhado, interrompido, incompleto que é necessário resgatar, completar e levar a cabo. É preciso desenterrar no passado, restituindo-lhe a honra, o que poderia ter sido e não foi.

A lente deformadora da história, as falsificações dos vencedores, a lei do mais forte: tudo isso nós, epicuristas, tivemos de suportar.

SÊNECA – É um fato que diz respeito a todos, porque todos temos crédito; o mundo não está dividido entre bons e maus, e

---

32. *As divinas instituições* 7, 27, 6, "Todos nós o seguimos (Jesus Cristo) [...] com grandíssima devoção, porque só ele, como diz Lucrécio, 'com palavras verdadeiras purificou os espíritos / e estabeleceu o fim do desejo e do temor, / e revelou qual é o bem sumo / ao qual todos tendemos, e indicou o caminho pelo qual, por uma breve trilha, / podemos nos dirigir a ele por um caminho reto'" (6, 24-28).

33. Luciano, *Alexandre vendedor de oráculos*, 38.

não há apenas rivais e antagonistas. Nem tudo é contraposição, alternativa, dramático *aut aut*; a história, como a vida, reclama conciliação, transição, laborioso *et et*. Integrar, transformar, assimilar, essa é a vida.

LUCRÉCIO – Muita conversa, Sêneca. A tua obra, como também, aliás, a tua vida, é toda ela justificar e te justificar. Convosco, estoicos, há sempre o problema de precisar, distinguir, entender-se; certos mal-entendidos a nós, epicuristas, não ocorrem. A verdade é simples, direta, isenta de incertezas: aqui está o abismo que separa as nossas doutrinas, porque vós, entre as coisas [*tà tygchánonta*] e as palavras [*phonái*] pondes as interpretações [*tà metaxù semainómena prágmata*], e assim os pensamentos oscilam, mudam, ajustam-se. Ao contrário, o nosso sistema filosófico é linear, não dialético: não prevê nenhuma mediação entre as palavras e as coisas; umas e outras se refletem; mais, identificam-se e são percebidas diretamente[34].

SÊNECA – Mas, a propósito da língua, não tivemos ambos o mesmo problema? Não terá também tu, talvez, lamentado a indigência da nossa língua com relação ao grego, eu para traduzir Platão[35], e tu, Epicuro?[36] Indigência, repito, não pobreza do latim ao traduzir e difundir o pensamento dos mestres. Somente um nacionalista como Cícero podia se gloriar da riqueza e até da superioridade da língua de Roma em relação à grega[37].

---

34. Cf. fr. 259 Usener; fr. 146 e 147 Arrighetti.
35. *Carta 58*, 1, *quanta verborum nobis paupertas, immo egestas sit, numquam magis quam hodierno die intellexi*.
36. 1, 139, *propter egestatem linguae et rerum novitatem*; cf. também *patrii sermonis egestas*, em 1, 832 e 3, 260.
37. *Discussões tusculanas* 2, 35, *o verborum inops interdum, quibus abundare te semper putas, Graecia!*; *Os limites do bem e do mal*, 3, 5, *nos non modo non vinci a Graecis verborum copia, sed esse in ea etiam superiores*. O mesmo conceito também em 1, 10 e *A natureza dos deuses* 1, 8.

LUCRÉCIO – Tivemos o mesmo problema, mas seguimos caminhos opostos.

SÊNECA – Mudei a língua latina. Dei às palavras comuns um significado novo; levei-as do plano concreto ao plano abstrato, de fora para dentro; criei a linguagem da interioridade, adotando e adaptando ao homem as palavras do mundo. Depois de mim, *vindicare*[38] *não indica mais reivindicar a expropriação de uma coisa, mas de si mesmo; secedere*[39], não mais retirar-se ao Aventino, mas separar-se do mundo; *militare*[40] *não mais agir como soldado, mas se exercitar na disciplina da vida*[41]. Criei um fórum interior para o direito, a política, a milícia.

LUCRÉCIO – Onde está a novidade? Tu simplesmente conservaste, reelaboraste, embelezaste; combinaste de modo engenhoso e hábil palavras conhecidas [*verba nota*] para fazê-las parecer novas [*verba nova*]. Obra combinatória e caligráfica. Astutas junções linguísticas; nada de novo em relação à *callida iunctura*, "o nexo engenhoso" de Horácio.

Há um único caminho para ter palavras novas, jamais ouvidas antes: criá-las. Foi isso que fiz, ao velar durante as noites estreladas[42], movido pela urgência de anunciar uma dupla mensagem revolucionária [*res novae*]: negar a política, negar a religião. Nem Virgílio nem Horácio o podiam fazer, poetas

---

38. Carta 1, 1 *Lucili, vindica te tibi*.
39. *A vida retirada* 1, 1, *proderit tamen per se ipsum secedere*.
40. Carta 96, 5, *vivere, Lucili, militare est*.
41. A lista poderia continuar: assim, *imperare* assume o significado não de dominar o inimigo interno ou externo de Roma, mas os próprios vícios e impulsos (Carta 113, 30, *imperare sibi maximum imperium est*); *dispungere*, não fazer mais o balanço das receitas e despesas do patrimônio, mas dos próprios dias (*A brevidade da vida* 7, 7, *dispunge* [...] *vitae tuae dies*).
42. 1, 142, *noctes vigilare serenas*.

protegidos; contra a encenação e a ferocidade do poder é preciso haver poetas desprotegidos.

SÊNECA – Fala-me dessas palavras novas.

LUCRÉCIO – Simples para quem quer entender.

As palavras e as coisas formam-se a partir dos princípios primeiros [*elementa*]: átomos para as coisas, letras para as palavras. Como os mesmos átomos compõem [*constituunt*] o céu, o mar, as terras, os rios, o sol, as messes, as árvores, os seres vivos[43], do mesmo modo as mesmas letras formam as palavras [*significant*] céu, mar, terras, rios, sol, messes, árvores, seres vivos[44]. Claro, não?

Não só. As leis que regulam os átomos e formam o universo são as mesmas da gramática: combinação, movimento, ordem, posição, formas [*concursus motus ordo positura figurae*[45]]. Por isso, o plano dos átomos e o plano das letras, da língua e da física, do texto e do cosmo cruzam-se, permutam-se, identificam-se. Se o modelo é alfabético e se no começo está a gramática, o cosmo é legível.

Na minha escrita nada há de subjetivo e interior, tudo é um olhar sobre o real e confiança na palavra, a protagonista do poema; ela não narra, não interioriza, não alude, mas se impõe, imediatamente, como os objetos. Uma palavra básica, como o átomo, unívoca como a coisa.

Uma coleção de minerais seria o mais belo comentário sobre meus versos[46].

---

43. 1, 820 s., *namque eadem caelum mare terras flumina solem / constituunt, eadem fruges arbusta animantis*.

44. 2, 1015 s., *namque eadem caelum mare terras flumina solem / significant, eadem fruges arbusta animantis*.

45. 2, 1021, *concursus motus ordo positura figurae*.

46. Isso é o que disse Osip Mandel'štam a propósito da *Divina Comédia* de Dante (Discorso su Dante, in: Id., *La quarta prosa*, trad. it., Bari, 1967, 171).

Ai de quem não foge à espera pessoal e não se eclipsa no texto.

SÊNECA – Mas as palavras acompanham o pensamento, são seu sinal e veículo.

LUCRÉCIO – Não, Sêneca, a palavra não serve ao pensamento, mas o gera.
Falam a mesma língua a natureza e a poesia[47]; obedecem à mesma gramática as palavras em seu devir e os átomos em suas combinações[48].
O plano físico e o plano linguístico, o cosmo e o texto, a atomologia e a etimologia se refletem.
Eu escancarei o universo[49].

SÊNECA – A tua poesia, decerto, não passou despercebida; Cícero te definiu como talentoso, outros, como sublime, outros, culto e elegante, outros ainda, retumbante e vigoroso[50].

LUCRÉCIO – Os que se detiveram no estilo e separaram as palavras [verba] do conteúdo [res] não entenderam nada, seduzidos e enganados pelo que é disfarce e jogo alegórico: sim,

---

47. *Lepos* é tanto a harmonia do cosmos difundida por Vênus quanto o princípio da poesia (1, 28 e 934 [= 4, 9]).
48. *Declinatio*, que Lucrécio por razões métricas chama de *clinamen*, é tanto a lei da conjunção atômica e princípio gerador dos corpos (2, 221 ss.), como a lei geral da linguagem e princípio gerador do léxico (cf. VARRÃO, *A língua latina* 8, 3).
49. Dante faz explícita referência à simbologia do livro do universo em *Paraíso* 33, 85-87: "Vi que na profundidade está contida, / como ligado com amor num volume / o que pelo universo se escancara".
50. Cícero julgou Lucrécio dotado de *multa ars* (ver nota 17); Ovídio (ver nota 22) e Frontão, *sublimis*; Estácio, *doctus*; Quintiliano, *elegans* e *difficilis*; Marco Aurélio, *éuphonos* ("retumbante") e *hadrós* ("vigoroso").

pelas palavras invertidas [*inversa verba*] e sons agradáveis [*lepidus sonor*][51].

O uso próprio da palavra [*nomen proprium*] é o único que transmite a clareza [*enárgeia*] e o imediato [*saphéneia*]. A alegoria é um crime contra a palavra. Chamar o mar de Netuno, a messe de Ceres e o vinho de Baco é uma aberração[52].

Se tiras a máscara, as coisas aparecem em toda a sua evidência[53]. A verdade é uma operação de subtração, não de amontoamento.

Em vez de nos adequarmos às modas, temos de recuperar as formas originárias da nossa língua; é no início que se manifestam os verdadeiros significados das palavras. Palavras, não vocábulos, aquelas formas originárias [*prisca verba*] que tu, Sêneca, desprezas[54], revelando nisso toda a tua origem provinciana. Ênio, o pai da nossa língua, que tu não perdes ocasião de criticar, vale, sozinho, mais do que todos os que vieram depois.

SÊNECA – A língua não é petrificada, como tu pretendes, mas muda, porque interpreta não somente o cosmo, mas também o homem, e o torna melhor e o cura, porque ela é medicina da alma. Sim, psicoterapia[55].

---

51. 1, 641-644, "os estultos admiram e amam mais do que tudo / todas as coisas que saem de palavras perturbadas (*inversa verba*) / e consideram como verdade o que pode prazerosamente acariciar / os ouvidos e se tinge de um som agradável (*lepidus sonor*)".

52. 2, 655-660, "Agora, se alguém quiser chamar Netuno de mar, / e Ceres de colheitas, e preferir usar mal o nome de Baco / ao invés da palavra adequada do humor da videira / vamos também permitir que ele denomine a terra como Mãe dos deuses / desde que, na realidade, evite / contaminar a sua alma com a vergonhosa superstição religiosa".

53. 3, 58, *eripitur persona, manet res*.

54. Cf. *Carta* 108, 35, *verba prisca*. Na *Carta* 125, 10 Sêneca define depreciativamente *Ennianus populus* os imitadores de Ênio.

55. Assim dirá Montesquieu de Sêneca, *Cartas persas* 33.

A metáfora manifesta toda o poder [*potentia*] da nossa língua com relação à graça [*gratia*] grega[56], e permite perceber as pregas e as pragas da alma humana: vícios e virtudes, misérias e nobrezas, quedas e ressurreições; ajuda o percurso interior e nos torna melhores. De todas as funções da retórica interessa-me sobretudo mobilizar as consciências [*movere*].

Por isso, empreguei o *carmen* em todos os seus significados: verso, oração, expressão mágica, oráculo, provérbio, receita médica, canto militar, fórmula jurídica, adivinhação. Já o disse várias vezes: os nossos pensamentos penetram mais facilmente se obedecem às severas leis do *carmen*[57]. O fascínio pela escrita ajuda a persuasão[58].

Como Cícero criou o período e tu, a palavra, eu criei a sentença: a frase breve, enxuta, cortante; ela persiste na memória, dobra a vontade, cura o ânimo.

Escrever é, para mim, como desferir rápidos golpes[59].

LUCRÉCIO – É tua, Sêneca, a psicagogia; é teu o autorretrato de um titulador, de um *copywriter*, de um vendedor. Tu decretas a vitória do estilo sobre o pensamento; sim, aquela perversa separação entre a palavra e a sua coisa.

Tu distingues uma língua por fora e uma língua por dentro, porque acreditas que o cosmo e o homem obedeçam a duas leis diferentes.

---

56. *Consolação a Políbio* 2, 6, *aut Latinae linguae potentia aut Graecae gratia*.
57. *Carta* 33, 6, *facilius* [...] *singula insidunt* [...] *carminis modo inclusa*; 108, 10, *ut dicebat Cleanthes*, "*sensus nostros clariores carminis arta*".
58. Cf. QUINTILIANO, *A formação do orador* 12, 10, 48, *ipsa brevitate magis haerent (sententiae) et delectatione persuadent*.
59. *Carta* 100, 8, *subiti ictus sententiarum*.

SÊNECA – O problema é precisamente esse: estás convencido de que nós somos feitos para o mundo; para nós, estoicos, porém, o mundo é dirigido pela providência e é ordenado segundo uma precisa hierarquia que vai dos minerais, às plantas, aos animais, até ao homem, admirável criatura posta no centro de um grande projeto.

LUCRÉCIO – Nós, homens, os favorecidos? O universo dirigido pelas harmonias preestabelecidas e pela providência? Mas não achas a natureza muito defeituosa e culpada[60] e a nossa terra tão desequilibrada com as suas imensas regiões ou tórridas ou geladas te parece tão hospitaleira? E o que dizer de nossa entrada na vida, como náufragos lançados à margem, nus e desesperados? O homem centro e senhor do mundo! Mas no centro de qual mundo, uma vez que há infinitos mundos possíveis?[61]

Vós, estoicos, com vosso otimismo, resolveis e absolveis tudo; conformais e reduzis a natureza à razão estoica; e assim afirmais o homem como sujeito e protagonista do mundo! Sim, sujeito [*subiectus*], submetido à grande mãe natureza. Mas a natureza não é uniforme, nem justa, nem pacífica.

Primeiro Coro senecano

O HOMEM CENTRO DO UNIVERSO

Mas tu, Zeus, os excessos, tu sabes reduzi-los a moderação,
a desordem, à ordem, e as coisas hostis, tu as sabes tornar amigas.
Assim harmonizastes tudo em um, o bem e o mal[62].

---
60. 5, 199, *tanta stat (natura rerum) praedita culpa*.
61. 5, 1345, *in variis mundis varia ratione creatis*.
62. CLEANTE, *Hino a Zeus* v. I, fr. 537 Arnim, vv. 18-20.

Exceto o universo, todas as coisas se geram em função de outra: as colheitas e os frutos da terra em benefício dos animais, os animais em benefício dos homens; assim, tudo o que se encontra no universo está destinado a ser útil ao homem[63].

A natureza nos dotou de um espírito ávido de saber e, consciente da própria habilidade e beleza, nos gerou espectadores de tão grandiosas maravilhas do universo [...]. Para que saibas que a natureza quis que nós a contemplássemos [...], veja que lugar nos reservou: colocou-nos no centro e nos deu a visão panorâmica do universo; e não se limitou a fazer o homem ereto, mas quis formá-lo capaz da contemplação e o dotou de uma cabeça voltada para o alto e posta num pescoço flexível para que possa seguir o curso dos astros, do surgir ao tramontar e lançar o próprio olhar ao redor, juntamente com o universo. [...]. Nós não conseguimos abraçar com o olhar nem a totalidade nem a grandeza das coisas, mas a nossa vista abre a estrada da procura e lança os fundamentos para a verdade; assim, a nossa pesquisa pode passar das realidades evidentes às obscuras e perceber alguma coisa mais antiga do que o próprio cosmo[64].

Primeiro Canto lucreciano

A CULPA NATURAE

*Dizer que os deuses quiseram preparar
a esplêndida estrutura do universo por amor dos homens
e que, por isso, tenhamos de louvar a admirável obra
e crê-la eterna e imortal,
e que é um crime abalar com violência desde as bases
o que os deuses desde a eternidade fundaram com antiga sabedoria
a favor da estirpe humana, ou ultrajar com palavras*

---

63. Crisipo, v. II, fr. 1153 e 1131 Arnim.
64. Sêneca, *A vida retirada* 5, 3-5.

> e subverter todas as coisas de baixo acima: imaginar isso
> e inventar outros argumentos semelhantes, ó Mêmio,
> é pura loucura [...].
> Ainda que eu ignorasse os princípios das coisas,
> todavia, a partir das próprias alternâncias do céu
> e dos outros fenômenos, eu ousaria afirmar
> que não foi para nós formada pelos deuses
> a natureza do mundo, manchada, como está, por uma culpa tão grave
> [...]
> E eis o neonato, como um náufrago lançado à margem
> pelas ondas cruéis, que jaz nu na praia, incapaz de falar,
> necessitado de todo socorro, mal a natureza o faz sair
> do seio da mãe, com as dores do parto, para as bordas da luz,
> e enche o espaço com desesperados vagidos, como é justo que faça
> quem na vida deverá passar por tantas desventuras [...]
> [...] é necessário admitir
> que existem alhures no espaço outras terras
> e diversas raças de homens e espécies de feras [...]
> e que certas coisas tenham acontecido em vários mundos de vários modos
> formados, e não num determinado e único planeta terrestre [...]
> Não pode existir um centro, porque o todo
> é infinito[65].

SÊNECA – Para nós, estoicos, o mundo é único, divino e eterno[66].

---

65. 5, 156-165; 5, 195-199; 5, 222-227; 2, 1074-1076; 5, 1345 s.; 1, 1070 s.; cf. Epicuro, *Carta a Heródoto* 45.
66. Crisipo, v. II, fr. 526 ss., Arnim.

LUCRÉCIO – Nada mais distante da verdade. O universo é composto de partículas invisíveis e indivisíveis, ou seja, átomos que se movem no vazio infinito; sólidos e infinitos no número, mas limitados na forma e nas dimensões, eles são eternos e indestrutíveis, diferentemente de seus agregados. A máquina do nosso mundo, destinado como todos os mundos a acabar e a se converter em novos mundos, está em equilíbrio, graças a forças iguais e contrárias; é a trégua entre Vênus, deusa da vida, e Marte, deus da morte[67]; é a lei da morte imortal que tudo alterna[68]; é a invariância global, que chamamos de isonomia[69].

Mas um dia também a máquina do mundo desmoronará[70].

Nós, homens, formados de átomos, somos uma marginal e até minúscula parte do universo, como as flores e as plantas, os riachos e os animais. Nenhuma centralidade, nenhuma hierarquia; as folhas das árvores, os flocos de neve, os seixos do rio, as espécies dos animais, os homens, temos todos a mesma natureza e a mesma nobreza. Também o amor que nós disfarçamos de sentimento, paixão, ideal, não é, na verdade, senão sexo, fisiologia, procissão de átomos que encontram outros átomos. Se entendêssemos que uma mulher é igual a outra e que não há nenhuma diferença entre o coito de um cão e o do homem, não choraríamos por uma amante que nos abandona nem nos exporíamos ao ridículo dos galanteios. Apaixonados, somos arrastados por uma angústia lancinante [*anxius angor*], como os empestados[71].

---

67. 1, 31 s.
68. 3, 869, *mortalem vitam mors cum immortalis ademit*.
69. Ver nota 77.
70. 5, 95 s., *multosque per annos / sustentata ruet moles et machina mundi*.
71. Com o nexo linguístico *anxius angor* (que não aparece antes e não aparecerá mais depois de Lucrécio) marcam-se tanto o amante (3, 993), quanto o empestado (6, 1158).

Uma lei idêntica governa tudo. Componentes inconscientes e anônimos da dança e epopeia cósmica dos átomos, somos semelhantes ao turbilhão incessante e frenético da poeira nos raios de luz que filtram na escuridão de uma sala[72].

Tudo está em compropriedade com a natureza e com o destino[73]. Pensa no destino do meu poema; superou os séculos suspenso por um fio[74].

A natureza tem a ver não com a virtude, não com a escravidão, a pobreza ou a riqueza, não com a liberdade, a guerra, a concórdia, todas elas qualidades acidentais [*eventa*]; tem, sim, a ver com as qualidades essenciais, que são o peso, o calor, a fluidez, o contato dos corpos, a intangibilidade do vazio [*coniuncta*][75].

A ciência nos salvará, não a ideologia.

A vós, estoicos, interessam as relações humanas que são manipuláveis, a nós, as relações com as coisas que são indeléveis. A solidão do homem é absoluta.

---

72. Cf. 2, 114-124, "Observa que todas as vezes que os raios filtram / e infundem a luz do sol na escuridão dos quartos / verás muitos corpos minúsculos girando no vazio / de mil maneiras justamente na luz dos raios, / e como numa eterna luta mover pelejas e batalhas / colidindo-se em grupos, sem nunca dar trégua, / continuamente agitados por um agregar-se e desagregar-se; / de modo que tu podes imaginar qual o eterno / agitar-se dos primeiros princípios das coisas no imenso vazio; / na medida em que uma coisa pequena possa fornecer o modelo / de grandes coisas e um vestígio de seu conhecimento".

73. 5, 77, *natura gubernans*; 5, 107, *fortuna gubernans*.

74. Somente em 1417, após séculos de eclipse, o *De rerum natura* foi recuperado graças à descoberta por Poggio Bracciolini, em um mosteiro não muito longe de Constança, de dois manuscritos chamados *Oblongus* e *Quadratus*, ambos datados do século IX.

75. 1, 449-458, *nam quaecumque cluent, aut his coniuncta duabus / rebus ea invenies aut horum eventa videbis. / Coniunctum est id quod nusquam sine permitiali / discidio potis est seiungi seque gregari, / pondus uti saxis, calor ignis, liquor aquai, / tactus corporibus cunctis, intactus inani. / Servitium contra paupertas divitiaeque, / libertas bellum concordia, cetera quorum / adventu manet incolumis natura abituque, / haec soliti sumus, ut par est, eventa vocare.*

SÊNECA – A vida não é somente *zoé*, princípio vital, mas é também *bíos*, existência individual, biografia, história de um homem entre os outros homens, destinados ou, se quisermos, condenados a, juntos, melhorar e piorar.

LUCRÉCIO – Não, Sêneca, nós estamos em federação com as coisas; nenhuma distância entre o sujeito e o objeto.

As tábuas da lei são esculpidas com os caracteres da física, não da ética.

O mundo todo é uma grande arquitetura, construção de elementos primeiros, governada por leis de vida e de morte; leis que não distinguem entre senhores e escravos, ricos e pobres, bons e maus.

Essa é a lei do cosmo: vida e morte se encontram num prodigioso duelo[76], mas as forças da morte não podem prevalecer sobre as forças da vida. Desde tempos infinitos combate-se com êxito igual uma guerra entre princípios primeiros. Em lugares e em momentos diferentes, as forças vitais se afirmam e igualmente sucumbem. Os lamentos de morte se alternam com os vagidos das criancinhas, como a noite segue o dia e a aurora sucede a noite[77].

SÊNECA – Mas a natureza nos guia, a vontade nos conforma com o destino, a virtude ilumina as ações, torna nobre até a morte e nos dispõe à prática do bem e aos empreendimentos mais difíceis: gloriar-nos das feridas, armar o coração contra todas as adversidades[78], transformar o mal em bem. A vida é exercício, ascese e ascensão.

---

76. Assim diz a antífona pascal: *Mors et vita duello conflixere mirando*.

77. 2, 569-580: é a lei da isonomia, a compensação dos contrários, exposta por Cícero em *A natureza dos deuses*, 1, 50 [= fr. 352 Usener].

78. *A providência* 6, 6, *animos vestros adversus omnia armavi: ferte fortiter*.

Não nascemos bons, tornamo-nos[79].

A virtude faz resplandecer todas as coisas, como o dia torna luminosa a sala que, à noite, nos parece escura. As coisas que chamamos de indiferentes ou neutras, a riqueza, a força, a beleza, as honras, o poder e, ao contrário, a morte, o exílio, as doenças, as dores e as outras coisas que te incutem mais ou menos medo levam o nome de bem e de mal pela disposição boa ou má do ânimo. Um metal, de per si, não é nem frio nem quente: lançado numa fornalha, esquenta, imerso na água, resfria. A morte se torna nobre, graças ao que é nobre, ou seja, à virtude, e ao ânimo que sabe desprezar os bens exteriores. Infeliz aquele que jamais foi infeliz e feliz o que não tem necessidade da felicidade; a virtude sem adversário se enfraquece. Sua grandeza e seu vigor se manifestam somente quando ela mostra a sua capacidade de suportar. O comandante para as expedições mais difíceis não escolhe, talvez, os melhores?[80]

LUCRÉCIO – É estoica essa doutrina, não lei da natureza. Não existem virtudes morais, mas somente forças naturais. Sabes, Sêneca, o que é a virtude [*virtus*]? É a força que, unida à astúcia e à velocidade, salvaguardou a espécie dos animais e das feras; é o vigor das mãos e dos pés que permitiu aos homens primitivos prevalecerem sobre os animais; é a coragem de Epicuro que violou as barreiras do além[81].

A força libertadora da natureza, a energia vital que põe em comum homens e animais, o altivo valor de Epicuro que pisoteou o monstro horrível da religião[82], isso, sim, é virtude.

---

79. *Carta* 90, 44, *non enim dat natura virtutem: ars est bonum fieri*; 123, 16, *nemo est casu bonus: discenda virtus est*.
80. A passagem traduz a *Carta* 82, 13 s., e *A providência*, 2-6 passim.
81. 5, 858-863; 5, 966; 1, 70 s.
82. 1, 78 s.

SÊNECA – Não, virtude é outra coisa: é o que temos de mais precioso e mais nobre; é perseguida não por recompensa, porque ela já é, por si mesma, recompensa[83]. A virtude guia o universo e move também o céu e as estrelas[84].

LUCRÉCIO – Não a virtude, mas uma força obscura é a que move e tritura todas as coisas de movimento em movimento[85].

SÊNECA – A virtude, Lucrécio, tudo pode, até mesmo nos tornar imortais e semelhantes a deus[86]; mais, superiores a deus, porque ela se alimenta com o sofrimento que a ele não é concedido[87].

LUCRÉCIO – Finalmente o nomeaste! Que ilusão, Sêneca, querer reduzir a distância entre as nossas escolas. Vós, estoicos, não falais em nome próprio, mas por interposta pessoa, pela mediação de deus. Eis a religião, o grande engano, a causa de todos os males[88].

SÊNECA – Há deus e deus, religião e religião. Também não acredito na religião mítica dos poetas, nas trevas de Cérbero[89],

---

83. *A vida feliz* 9, 4, *ipsa (virtus) pretium sui*.
84. Cf. DANTE, *Paraíso* 33, 145 "O amor que move o sol e as outras estrelas".
85. Foscolo, leitor e, também, tradutor de Lucrécio, em *Os sepulcros* (vv. 19 s., "E uma força laboriosa os cansa / de movimento em movimento") parece ser inspirado em 5, 1233 s., *usque adeo res humanas vis abdita quaedam / obterit* ("A tal ponto uma força oculta que esmaga as coisas humanas").
86. SÊNECA, fr. 27, Haase [= 62 Vottero], *una res est virtus quae nos immortalitate donare possit et pares diis facere*.
87. *A providência* 6, 6, "Nisso você supera deus: ele está fora do sofrimento dos males, você acima" (*hoc est quo deum antecedatis: ille extra patientiam malorum est, vos supra patientiam*).
88. 1, 101, *tantum religio potuit suadere malorum*.
89. *Carta* 24, 18, *nemo tam puer est ut Cerberum timeat et tenebras*.

nos raios de Júpiter, embora sirvam para frear as paixões dos ignorantes[90].

LUCRÉCIO – Essas fábulas excitam, mas não acalmam.

O além é uma projeção dos males da nossa vida. Tântalo não é o filho de Júpiter culpado por ter subtraído aos deuses néctar e ambrosia e punido com um rochedo suspenso sobre sua cabeça; Tântalo é quem teme a ação imprevisível e iminente dos deuses; Tício não é o gigante morto por Apolo por ter insidiado Latona e deitado no Tártaro com o fígado perenemente carcomido pelos abutres, mas o enamorado atormentado pela angustiosa paixão do amor; Sísifo não é o rei de Corinto condenado a rolar contínua e inutilmente uma pedra morro acima, mas é aquele que em vão gasta todas as suas energias por aquele poder que sempre lhe é negado; a pena das cinquenta filhas de Dânao, condenadas a retirar água sem parar com ânforas furadas por terem matado seus maridos na primeira noite de núpcias, é uma fábula inventada para representar a nossa insaciável avidez[91].

Para todos os que não seguem a nossa doutrina, o Inferno é aqui, nesta terra[92].

SÊNECA – Também a filosofia estoica considerou a divindade e as penas infernais como fábulas para simbolizar as nossas paixões e más inclinações. Quanto aos ritos da religião civil, também eu os pratiquei, não porque neles acredite ou

---

90. *Questões naturais* 2, 42, 1 ss., *quid enim tam imperitum est quam credere fulmina e nubibus Iovem mittere [...]? Ad coercendos imperitorum animos sapientissimi viri iudicaverunt inevitabilem metum.*
91. 3, 978-1010.
92. 3, 1023, *hic Acherusia fit stultorum denique vita.*

porque sejam do agrado dos deuses, mas porque prescritos pelas nossas leis[93].

A religião é de ajuda à cidade e aos governantes. Já em nossas XII Tábuas lemos: "Ninguém tenha por própria conta deuses novos nem estrangeiros se não reconhecidos pelo Estado".

LUCRÉCIO – Aquele culto produziu delitos, não benefícios. Para que o vento soprasse a favor e a frota de Agamenão pudesse zarpar em direção a Troia, Ifigênia foi sacrificada pelo pai[94]; para aplacar a ira dos deuses degolamos bezerrinhos sobre o altar. Choram todas as Ifigênia do mundo, todas as novilhas à procura desesperada do próprio filho imolado[95]. Delitos que nascem do desgraçado pacto entre trono e altar. Para legitimar o poder, inventastes um pacto com os deuses, a *pax deorum*, a grande trapaça de Augusto.

A religião, um instrumento do poder; uma ideologia sempre verde que foi o texto básico da educação cívica em Roma e que Cícero exalta como o que distingue os romanos dos outros povos[96]. Quando dois sacerdotes se encontram à noite, como fazem para não caçoar, ao pensarem como, durante o dia, guiaram candidaturas e eleições em lances de arúspices?[97]

Esse princípio de Roma, eu o desmontei, essa corda que ligava a terra ao céu, eu a cortei[98].

---

93. Fr. 38 Haase [= 71 Vottero], *quae omnia sapiens servabit tamquam legibus iussa, non tamquam diis grata*.

94. 1, 100, *exitus ut classi felix faustusque daretur*.

95. 2, 357-360, *omnia convisens oculis loca si queat usquam / conspicere amissum fetum, completque querellis / frondiferum nemus adsistens et crebra revisit / ad stabulum desiderio perfixa iuvenci*.

96. *A resposta dos arúspices* 19, *pietate ac religione* [...] *omnis gentis nationesque superavimus*; *A natureza dos deuses* 2, 8, *religione, id est cultu deorum, multo superiores*.

97. *A natureza dos deuses*, 1, 71, *mirabile videtur quod non rideat haruspex cum haruspicem viderit*.

98. 1, 931 s. [= 4, 6 s.], *artis / religionum animum nodis exsolvere pergo*.

SÊNECA – Procurei deus não na religião dos pais, nem no vento, no fogo e nos terremotos, mas no templo da alma e nas maravilhas da natureza[99].

Segundo Coro senecano

O DIVINO

Não adianta erguer as mãos ao céu nem implorar o sacristão para que nos deixe nos aproximar da orelha da estátua, como se deus pudesse nos ouvir melhor; deus é teu vizinho, está contigo, está em ti. Sim, Lucílio, mora em nós um espírito divino, que vê e vigia o nosso bem, o nosso mal; e do mesmo modo como o tratamos, ele nos trata. Nenhum ateu pode ser homem do bem. Sem a ajuda de deus, quem pode prevalecer sobre o destino? É ele que nos inspira as grandes escolhas e os pensamentos elevados. Em cada sábio habita um deus; seu nome não nos é dado saber.

Se a teu olhar se apresentar um bosque denso de árvores antigas e insolitamente altas, com galhos entrecruzados uns com os outros e tão densos a ponto de impedir a visão do céu, pois bem, a altura daquele bosque, a solidão do lugar, o milagre daquela sombra tão

---

99. Cf. *Questões naturais* 2, 42, 1 cit. (cf. nota 90) e *Carta* 41, 3. Diante da união fenômenos naturais/presença de Deus, o pensamento não pode deixar de ir para o 1 Reis 19, 11-13 "Veio um vento impetuoso e forte, que desfazia as montanhas e quebrava os rochedos, mas o Senhor não estava no vento. Depois do vento, houve um terremoto, mas o Senhor não estava no terremoto. Passado o terremoto, veio um fogo, mas o Senhor não estava no fogo. E depois do fogo, ouviu-se o murmúrio de uma leve brisa. Ouvindo isso, Elias cobriu o rosto com o manto." É belo o comentário de Umberto Eco: "Não se pode encontrar Deus no barulho. Deus se revela apenas no silêncio. Deus nunca está nos meios de comunicação, Deus nunca está nas primeiras páginas dos jornais, Deus nunca está na TV, Deus nunca está na Broadway" (*Perché le università?*, discurso proferido na Universidade de Bolonha em 20 de setembro de 2013 por ocasião do 25º aniversário da *Magna Charta Universitatum*).

compacta e contínua em espaço aberto te levarão a crer que deus existe. Se uma gruta, profundamente cavada não por mão do homem, mas pela natureza, devora inteiramente a rocha e mantém suspenso um monte, diante dessa visão o teu ânimo será sacudido pelo pressentimento do sagrado[100].

Segundo Coro lucreciano

A FALSA *PIETAS*

O que difundiu entre as pessoas a ideia dos deuses?
O que encheu as cidades de altares?
O que levou a acolher ritos sagrados? Aqueles ritos
que ainda se celebram em festividades e lugares solenes
e insinuam ainda hoje nos mortais um frêmito de medo
que estimula a erguer sobre toda a terra novos templos aos deuses
e a enchê-los nos dias festivos.
Explicar tudo isso não é, decerto, difícil [...]
Assim o medo mantém em xeque todos os mortais,
porque veem acontecer na terra e no céu muitos fenômenos
cujas causas não podem descobrir de modo algum,
e assim creem que acontecem por vontade divina [...].
Enfim, quando sob os pés vacila toda a terra
e, sacudidas, as cidades desmoronam ou, mal seguras, ameaçam ruir,
por que maravilhar-se se as estirpes mortais renunciam à própria
dignidade e deixam o mundo à mercê do grande poder dos deuses
e das suas admiráveis forças para que governem todas as coisas? [...].
A ignorância põe a dura prova as mentes hesitantes [...]

---
100. Carta 41, 1-3.

*Desditoso o gênero humano, quando atribuiu
aos deuses tais fenômenos e a eles acrescentou a ira cruel!
Que dores então proporcionaram a si próprios,
que feridas a nós, que lágrimas a nossos filhos!
Crer não é se mostrar frequentemente com a cabeça coberta
em volta de uma estátua e se aproximar de todos os altares;
não, crer não é prostrar-se de joelhos e estender
as mãos diante dos divinos santuários, nem inundar os altares
com o sangue de animais, nem fazer votos sobre vós*[101].

LUCRÉCIO – Precisamente aí é que está a aberração. A admiração gerou a falsa fé nos deuses e a chantagem da religião, origem e causa de angústias e de delitos. As linhagens da religião imobilizam, são laços que sufocam. Se os homens conhecessem o funcionamento das leis da natureza, não teriam medo e não confiariam aos deuses a explicação do mundo.

O medo é um grande *marketing*.

SÊNECA – Tu estás perturbado pela observância religiosa; eu não vejo nenhum conflito entre consciência individual e adesão política. Pode haver uma devoção sem fé; eu sou um praticante, não um crente, e venero deus como cidadão, não como homem. Teologia e culto exigem e toleram condutas diferentes.

Mas em vão procurei o nome de deus[102]; por isso, nós, estoicos, o chamamos de vários modos: Destino, Providência, Natureza, Universo, Mente do Universo, Todo o Visível e Todo o Invisível[103].

---

101. 5, 1161-1168; 1, 151-154; 5, 1236-1240; 5, 1211; 5, 1194-1202.
102. *Carta* 41, 2, *quis deus incertum est*; a expressão é emprestada de Virgílio, *Eneida* 8, 352.
103. *Questões naturais* 2, 45, 2 s., *vis illum fatum vocare?* [...] *Vis illum providentiam dicere?* [...] *Vis illum naturam vocare?* [...] *Vis illum vocare mundum?*;

LUCRÉCIO – Nós não temos divindades a serem veneradas; temos o grande Epicuro a ser admirado: aquele que negou a religião com um empreendimento sobre-humano. Assaltou o céu, anulou a distância entre as estrelas e a terra e nos garantiu que os deuses não se ocupam nem com os homens nem com o mundo: não se irritam se os desprezamos, não nos concedem favores se os pedimos. Epicuro recapitulou todos os valores da palavra *ratio*[104] e estabeleceu um divisor de águas entre o mundo antes dele e o mundo depois dele.

Ao se mostrar a sua razão, o mundo se revela, o além se esvai, as trevas desaparecem, a luz nos invade.

Ele libertou a humanidade da humilhação da religião e das trevas da ignorância e debelou as duas pragas da vida, o desejo [*cupido*] e o medo [*timor*] – dois monstros bem piores do que os enfrentados por Hércules[105] – não com as armas, mas com palavras de verdade[106].

Sim, um deus, foi um verdadeiro deus o nosso Epicuro[107].

SÊNECA – Vejo que também o ateu, iconoclasta e materialista Lucrécio, o apóstolo da razão, fez o seu deus! Velha e feia história, Lucrécio: toda vez que o homem pôs nos altares outro homem, seguiram-se monstros, fundamentalismos, ideologias totalitárias e sanguinárias.

1, Prefácio 13, *quid est deus? Mens universi. Quid est deus? Quod vides totum et quod non vides totum.* Cf. *A consolação a minha mãe Hélvia* 8, 3.

104. O termo *ratio* ocorre no poema 221 vezes em toda a pluralidade de seus significados (cálculo, avaliação, consideração, sistema, método, modo, estrutura, critério, explicação, raciocínio, razão, teoria, doutrina).

105. São famosos os doze trabalhos: *O leão de Nemeia, A hidra de Lerna, O javali de Erimanto, A corça de Cerineia, As aves de Estínfalo, O cinturão de Hipólita, As cavalariças de Áugias, O touro de Creta, As éguas de Diomedes, Os bois de Gerião, As maçãs de ouro das Hespérides, O cão Cérbero.*

106. 5, 50, *dictis, non armis*; 6, 24, *veridicis* [...] *purgavit pectora dictis.*

107. 5, 8, *deus ille fuit, deus.*

LUCRÉCIO – Escuta-me: ele nos pôs fora não de uma religião, mas de uma revelação, uma epifania divina. A humanidade jazia humilhada e oprimida pelo peso da religião, até que ele, Epicuro, sozinho e por primeiro, ousou levantar contra ela os seus olhos mortais e desafiá-la. Não o frearam nem as crenças dos deuses nem os raios nem os trovões; antes, tornaram até mais corajoso o seu ânimo, que, derrubadas portas e paredes, percorreu todo o universo. Tendo-se feito vencedor, libertou-nos do jugo da religião e nos elevou ao céu[108].

A sua razão afugenta os terrores do Inferno, quebra o muro do limite, desvela-nos a natureza infinita[109]. Diante de tais descobertas, um prazer jamais sentido e indizível prorrompe no ânimo[110].

SÊNECA – Mas dize-me, Lucrécio, qual a diferença entre crer em Epicuro e crer no deus dos filósofos?

LUCRÉCIO – Epicuro é um deus que não pede nem sacrifícios nem devoção, mas nos dá uma *pietas* nova, jamais conhecida antes. *Tueri omnia pacata mente*[111], olhar o mundo com mente serena: essa é a *pietas*. *Tueri*: guardar, proteger, olhar e salvaguardar com o pensamento toda a realidade. É essa a *pietas*: o pensamento tutor do mundo. Nós, epicuristas, temos o privilégio de *perspicere*[112], perscrutar toda a natureza do universo; *despicere*[113], do alto dos templos serenos da sabedoria observar as rivalidades dos homens; *videre*[114], ver os corpos dançarem

---

108. 1, 62-79.
109. 3, 14-27.
110. 3, 28 s., *me [...] quaedam divina voluptas / percipit atque horror.*
111. 5, 1203.
112. 1, 949 s., *dum perspicis omnem / naturam rerum.*
113. 2, 9, *despicere unde queas alios.*
114. 3, 17, *totum video per inane geri res.*

no vácuo. E *spectare*, contemplar da terra a grande dificuldade de quem está no meio da tempestade[115].

A salvação passa pela visão [*species*] e pela explicação [*ratio*] da natureza: a autópsia da fisiologia do mundo[116].

O nosso Demócrito não se cegou voluntariamente, como afirma a lenda maldosa, mas perdeu a vista porque cansado da ininterrupta observação dos fenômenos naturais.

Nós somos os visionários, não de anjos, demônios, fantasmas, monstros, quimeras; não de paraísos ou infernos. Somos os visionários do que há além do céu e sob a terra. Temos de *intelligere*, perceber o interior e a relação das coisas[117]. Mas também os olhos e os ouvidos são más testemunhas, se tivermos almas de bárbaros[118].

Temos de ter o coração puro[119], distantes das competições de engenho e de sangue, dos apetites das riquezas e do poder. Tesouros, nobreza, glória e poder em nada ajudam o nosso corpo, em nada o nosso ânimo[120].

SÊNECA – Também eu, Lucrécio, estou convencido de que a natureza não se revelou de uma vez por todas; cabe a nós uma pesquisa ininterrupta, uma pesquisa nobre porque nos projeta além da nossa condição mortal[121].

---

115. 2, 1 s., *suave, mari magno turbantibus aequora ventis, / e terra magnum alterius spectare laborem.*
116. *Naturae species ratioque* é a principal expressão em Lucrécio: 1, 146; 2, 59; 3, 91; 6, 39.
117. A referência é a dupla etimologia de *intelligere: legere intus* e *legere inter*.
118. A sentença é de Heráclito, fr. 107 Diels-Kranz.
119. 5, 18, *at bene non poterat sine puro pectore vivi.*
120. 2, 37-39, *nil nostro in corpore gazae / proficiunt neque nobilitas nec gloria regni, / [...] animo quoque nil prodesse putandum.*
121. *Questões naturais* 1, Prefácio 17, *haec inspicere, haec discere, his incubare, nonne transilire est mortalitatem suam et in meliorem transcribi sortem?*

Mas essa é apenas uma parte da vida; com efeito, a natureza nos gerou não somente para contemplar, mas também para agir[122]; mesmo antes de nós disseram isso todos os grandes filósofos, a começar por Aristóteles.

LUCRÉCIO – Mas agora existe o mandamento novo de Epicuro: "vive longe da política" [*láthe biósas*].

SÊNECA – Mas Epicuro é o único que pensa assim.

LUCRÉCIO – A verdade não depende do consenso, é inimiga do número. Vive na solidão, distante do aplauso e do vulgo.

SÊNECA – Mas também tu reconheceste a sociedade e as instituições e elogiaste o progresso: homens que selavam pactos, fundavam cidades, formulavam leis, descobriam técnicas, cultivavam artes. São tuas estas palavras:

> Naves e culturas dos campos, muros, leis, / armas, estradas, vestes e todas as outras invenções semelhantes, / os dons e todas as delícias da vida, / cantos, pinturas, estátuas de bom acabamento artístico, / foram a necessidade e, ao mesmo tempo, a experiência da mente / que lhos ensinaram pouco a pouco. Todas as artes avançaram um passo após o outro / [...] até chegarem ao cume supremo[123].

---

122. *A vida retirada* 5, 1, *natura nos ad utrumque genuit, et contemplationi rerum et actioni*.

123. 5, 1448 ss., *navigia atque agri culturas, moenia, leges, / arma, vias, vestis* [...] */ carmina, picturas, et daedala signa polita, / usus et impigrae simul experientia mentis / paulatim docuit pedetemptim progredientis /* [...] */ Namque alid ex alio clarescere corde videbant, / artibus ad summum donec venere cacumen*.

LUCRÉCIO – O que vós chamais de civilização não é um bem, porque, na mesma medida e ao mesmo tempo, crescem avidez, luxo, ambição, discórdias, ódios, delitos, todos eles males que nos afastam da simplicidade primitiva e desencadeiam o mais monstruoso dos males, a guerra[124].

Então, os homens primitivos morriam por falta de alimento, hoje nós morremos por excesso de comida; outrora, eles morriam envenenados por ignorância, agora nós envenenamos os outros com toda sorte de engano[125].

Tudo o que nos afasta das leis da natureza e se torna elaboração da mente é um mal; assim para o progresso, assim para o amor, quando a pulsão [*libido*] se torna paixão [*cupido*]; quando em vez do corpo, entra em jogo a cabeça. O prazer sexual deve ser de interesse da carne e não chegar ao coração.

Epicuro entendeu que o mal vem de dentro[126] e nos revelou descobertas duradouras e superiores às que vós atribuís às divindades[127]. Verdades duras para a gente comum[128].

SÊNECA – Mas se todos seguissem a vossa doutrina, a humanidade não teria futuro. Nada de religião, nada de política; se depois acrescentarmos as reservas sobre o matrimônio e o não aos filhos![129]

---

124. 5, 1423 ss., *tunc igitur pelles, nunc aurum et purpura curis / exercent hominum vitam belloque fatigant / [...] / Idque minutatim vitam provexit in altum / et belli magnos commovit funditus aestus*.

125. 5, 1007-1010, *tum penuria deinde cibi languentia leto / membra dabat, contra nunc rerum copia mersat. / Illi imprudentes ipsi sibi saepe venenum / vergebant, nunc dant <aliis> sollertius ipsi*.

126. 6, 17 s., *intellegit* [...] / *omnia* [...] *corrumpier intus*.

127. 5, 13, *confer enim divina aliorum antiqua reperta*.

128. 1, 944 s. [= 4, 19 s.], *retroque / volgus abhorret ab hac* (*ratione*).

129. Epicuro (in: LAÉRCIO, D., 10, 119): "O sábio se casará de acordo com as circunstâncias da vida"; fr. 19. Usener: "Epicuro [...] afirma que só raramente (*raro*) o sábio deve contrair o matrimônio (*sapienti ineunda coniugia*) porque casamentos são acompanhados de muitos infortúnios (*multa incommoda*)".

A vida, Lucrécio, não é um leilão ou um jogo de azar, nem mesmo uma construção da mente; é preciso responsabilidade.

LUCRÉCIO – Parece-me que também para ti, Sêneca, isso não faz sentido. A vida toda a aconselhar e a praticar a política e, depois, acabas fazendo o elogio da solidão e do afastamento da vida pública; acaso não disseste que, tomados um a um, somos melhores do que em sociedade?[130] Que o retiro não é uma escolha, mas uma necessidade?[131] *E até que o afastamento da política é útil em qualquer situação?*[132] Mas não eras tu quem nos exortava a nos empenharmos a vida toda, até a morte, e a considerar a própria morte não como um momento passivo, mas como a última ação?[133] Governar a cidade é a prática mais nobre, não era isso que partilhavas com Cícero?[134]

O que fazes Sêneca? Abandonaste os estoicos e passaste para o nosso lado?[135]

SÊNECA – Sabes muito bem: antes, fui o preceptor, a seguir, o conselheiro, enfim, o primeiro-ministro do imperador Nero por cinco anos. Depois, as coisas de tal modo se precipitaram que solicitei poder me retirar à vida privada: as invejas, a idade, a doença estavam me minando[136]. Na verdade, o principado e a liberdade se revelaram incompatíveis[137]. A essa altura,

---

130. *A vida retirada*, 1, 2, *meliores erimus singuli*.
131. Ibid. 8, 3, *omnibus* [...] *otium necessarium*.
132. Ibid. 1, 1, *proderit tamen per se ipsum secedere*.
133. Ibid. 1, 4, *non sit ipsa mors otiosa*; Carta 8, 1, *in actu mori*.
134. Cícero, *A república* 1, 2, *usus autem eius (virtutis) est maximus civitatis gubernatio*.
135. *A vida retirada* 1, 4, *quid agis, Seneca, deseris partes?*
136. Tácito, *Anais* 14, 52-56.
137. Tácito, *Agrícola* 3, 1, *res olim dissociabiles* [...] *principatum ac libertatem*.

resolvi me retirar, com o propósito de indicar aos outros o caminho certo, que, ai de mim, conheci tarde[138].

LUCRÉCIO – Assim, num instante, negaste toda a vida e traíste a doutrina dos teus mestres, dobrando-a às contingências da vida. De resto, é teoria vossa que o sábio deve se adaptar às circunstâncias[139].

SÊNECA – A nossa doutrina não é imutável e dogmática como a vossa. Nós não temos como mestre nem um deus nem um monarca. Nós não seguimos os homens, mas caminhamos reto pela estrada da sabedoria[140]. Nós, estoicos, não estamos sob o domínio de um tirano: cada qual é dono de si mesmo; ao contrário, convosco todos os pensamentos, todos os princípios, todos os preceitos estão submissos ao que, sozinho, Epicuro prescreve[141]. Vós fazeis parte de uma facção, não do Senado, porque seguis sempre a opinião de um só[142].

Tu, Lucrécio, tens uma explicação para tudo, uma resposta para cada pergunta. Tu tens familiaridade com as respostas. Eu não, eu vivo das perguntas.

Percorrerei o caminho dos meus predecessores, mas encontrarei um mais próximo, mais plano e o experimentarei. Quem me precedeu é meu guia, não meu senhor[143].

Eu disse isso a meu aluno predileto, Lucílio:

---

138. *Carta* 8, 3, *rectum iter, quod sero cognovi et lassus errando, aliis monstro*.
139. SÊNECA, fr. 19 Haase [= 79 Vottero], *sapiens* [...] *bonos mores* [...] *tempori aptabit*.
140. Cf. *Provérbios* 9, 6, "Segui o caminho da inteligência".
141. Cf. *Carta* 33, 4, *non sumus sub rege: sibi quisque se vindicat* [...] *omnia quae quisquam in illo contubernio locutus est unius ductu et auspiciis dicta sunt*.
142. *A vida retirada* 3, 1, *quam (sententiam) si quis semper unius sequitur, non in curia sed in factione est*.
143. *Carta* 33, 11, *qui ante nos ista moverunt non domini nostri sed duces sunt*.

Até quando tu queres pensar sob a influência de outros? Sê independente e exprime um pensamento digno de ser transmitido aos pósteros, mas tira alguma coisa do que é teu [...]. Uma coisa é recordar, outra coisa é saber. Recordar é guardar uma noção confiada à memória; saber, ao contrário, é fazer própria todas as coisas, não depender do modelo e manter sempre o olhar voltado para o mestre. Entre ti e um livro há de haver diferença[144].

LUCRÉCIO – A verdade é que tu entraste por uma estrada não nova, mas oposta à dos mestres e à própria tradição de Roma.

SÊNECA – Vê, Lucrécio, há duas Repúblicas, a pequena e a grande, a *Res publica minor* e a *Res publica maior*. Com o compromisso direto na política, o *negotium*, pode-se agir [*agere*] e ser útil [*prodesse*] à República pequena, a cidade onde nasceste ou resides, Roma, Atenas, Cartago. Com o retiro, o *otium*, ao contrário, podes agir e favorecer a República grande, a comunidade universal.

Aqueles que, aparentemente, não fazem nada, fazem, na verdade, ações mais importantes, porque cuidam quer das realidades humanas, quer das realidades divinas[145].

LUCRÉCIO – Sim, mas de que modo? Parece um jogo de prestígio o teu, um sofisma.

SÊNECA – Não. Retirados, seremos melhores e tornaremos melhores também os outros, todos, explicando-lhes as questões capitais da vida: a virtude, o mal, a morte, deus, o cosmo. Ir além do pensamento comum, fazer-nos perguntas, dar sentido

---

144. *Carta* 33, 9, *aliquid inter te intersit et librum*.
145. *Carta* 8, 6, *mihi crede, qui nihil agere videntur maiora agunt: humana divinaque simul tractant*.

às coisas. Assim o *otium* se transforma em forma superior, de *negotium*, e o sábio se torna cidadão do mundo, porque o mundo inteiro é a nossa pátria; o orbe, não a urbe[146]. O meu pensamento não se detém no hoje, mas corre para os pósteros[147].

O nosso Pórtico está aberto ao mundo, o vosso Jardim está fechado.

LUCRÉCIO – Palavras nobres, pensamentos certos, partilhados e antecipados pelo nosso mestre; mas por que toda essa sabedoria só de aposentado e não também de jovem, de despedido e não também de militante?

Para Epicuro, devem se dedicar à filosofia quer o jovem, quer o velho[148].

Para nós, a filosofia não é um ofício nem uma vocação ou uma etapa da vida. É um destino, não uma segunda escolha ou um *part-time*.

Tu, na verdade, te dedicaste ao cuidado do pensamento nos últimos anos da tua vida[149]. Nisso te mostras um perfeito cidadão de Roma, certamente do mundo; os melhores anos para o púlpito e para o fórum, os inúteis, para a cela e para a meditação. Não uma escolha tua, mas uma necessidade e uma entrega, a cobertura do teu fracasso político.

Servir a Nero, ou seja, preparar-lhe discursos, sugerir-lhe questões, ocultar-lhe delitos. É esse o teu *curriculum*[150].

---

146. *Carta* 28, 4, *patria mea totus hic mundus est*; *A tranquilidade da alma* 4, 4, *nos non unius urbis moenibus clusimus sed in totius orbis commercium emisimus patriamque nobis mundum professi sumus*. Demócrito (fr. 247 Diels-Kranz) já tinha sentenciado: "Para o sábio toda a terra é aberta. Na verdade, o lar de uma bela alma é o mundo inteiro".

147. *Carta* 8, 2, *posterorum negotium ago*.

148. *Carta a Meneceu* 122.

149. A referência é às *Questões naturais* e às *Cartas*.

150. A acusação de incoerência e de dupla moral será uma constante que une antigos e modernos: de Tácito a Dião Cássio, de Agostinho

Servir ao poder, é essa a tua razão de vida até quando te foi conveniente e te foi possível.

Adaptaste o teu talento aos ouvidos do tempo[151].

Ficaste tão anestesiado pelo poder que pensaste que com Nero poderias realmente iniciar uma segunda idade de ouro?

SÊNECA – Por que, Lucrécio, toda essa agressividade?

LUCRÉCIO – "Pedir com temor é sugerir a recusa"; são palavras tuas, Sêneca, da tua *Fedra*[152].

SÊNECA – Eu poderia te responder que não se envelhece em vão; que nos tornamos sábios, não nascemos sábios; que só suja as mãos quem as usa; que a minha presença na corte evitou o pior; que saí de cena voluntariamente. Ou melhor: supliquei por um retiro, que não me foi concedido e que paguei duramente, porque o Príncipe me queria em cena até o fim.

Mas tu, da raça de quem conhece a dureza e a pureza das coisas que crescem sozinhas, poderias aumentar a dose e me desarmar com outras críticas e acusações que fazem mais mal ainda: a amizade criminosa com Agripina, a qual não hesitei depois em trair, o adultério com Júlia Lívila...

---

a Petrarca, de Melville a Bertrand Russell, a Günter Grass: "Durante a maior parte de sua vida, Sêneca conduziu os assuntos do governo e escreveu seus floridos discursos para o sanguinário Nero. Somente depois de velho, quando não era mais capaz de gozar, é que se tornou sábio. Não deve ser difícil escolher a livre morte e deixar dessangrar a própria virtude aquosa, quando se tem o pênis murcho" (GRASS, G., *Anestesia locale*, Torino, 1971, 219 s.; trad. bras.: *Anestesia local*, Rio de Janeiro, Globo, 1974).

151. Cf. TÁCITO, *Anais* 13, 3, 1, *fuit illi viro ingenium amoenum et temporis eius auribus adcomodatum*.

152. Vv. 593 s., *qui timide rogat / docet negare*.

LUCRÉCIO – ...a adulação em relação a Calígula para voltar do exílio na Córsega[153], a irreverente paródia sobre a deificação de Cláudio, apenas dois meses depois de lhe ter tributado a *laudatio fúnebre, para te vingares do exílio e agradar ao Senado; além disso, o luxo desenfreado, a usura, a avidez...*

SÊNECA – Sim, na boca de todos esteve o meu capital de mais de trezentos milhões de sestércios. Aberto por Tácito e Dião Cássio[154], esse processo contra mim não se encerrará nunca. Fui julgado um campeão de duplicidade. Imagina que há quem tenha acreditado em dois diferentes Sêneca: um amigo da virtude, o outro, inimigo.

Como rebater essas objeções de incoerência?[155] Sei muito bem que tive "duas almas contrárias"[156]; a minha vida não estava em harmonia com as minhas palavras[157] e a minha mesa não foi moderada como as minhas máximas[158]. Pois bem; não fui um sábio; fui alguém que aspirou à sabedoria, não alguém que a tenha conquistado[159]; por várias vezes convidei a olhar não para mim, mas para o que eu dizia. Faço o elogio da virtude, não da minha vida[160]. Não se é sábio ou estulto uma vez por todas; é longo o caminho da filosofia que leva à sabedoria[161].

Cheguei à metade do percurso. Essas censuras, de outra parte, foram dirigidas ao próprio Platão e até a nossos mestres

---

153. Cf. Tácito, *Anais* 12, 8, 2; Dião Cássio, *História romana*, 61, 10, 2.
154. Tácito, *Anais* 13, 42, 4; Dião Cássio, *História romana*, 61, 10, 1-6.
155. *A vida feliz* 18, 1, *"aliter" inquis "loqueris, aliter vivis"*.
156. Giovanni Papini em *Giudizio universale* colocará na boca de Sêneca esta frase: "A mim perdoará Deus por ter me criado com duas almas adversas" (in: Papini, G., *Scritti postumi*, Milano, v. 1, 1966, 564).
157. *Carta* 75, 4, *concordet sermo cum vita*.
158. *A vida feliz* 17, 2, *cur non ad praescriptum tuum cenas?*
159. Ibid., 24, 4, *aliud est studiosus sapientiae, aliud iam adeptus sapientiam*.
160. Ibid., 18, 1, *de virtute, non de me loquor*.
161. É a concepção do *progressio* ou do *profectus* moral (a *prokopé* estoica).

Zenão e Epicuro, os quais propunham como modelo não suas vidas, mas seus ensinamentos[162]. Aquele que harmoniza perfeitamente virtude e palavra, o *vir bonus*, talvez não exista, ou, talvez, como a fênix, aparece uma vez a cada quinhentos anos[163].

LUCRÉCIO – Eu não te censuro a falta de coerência e virtude, mas de lucidez e de conhecimento. Filosofia e virtude não andam juntas[164]. Não somos morais ou imorais, mas conscientes ou ignorantes; a miséria não é ética, mas intelectual, e a impotência não é da vontade, mas da razão.

A mim, interessa entender, não crer.

SÊNECA – Não o que somos, mas o que podemos e queremos ser; isso me foi sempre muito caro.

Tu, Lucrécio, fixas e petrificas tudo, mas o saber não é um algoritmo, é um diálogo da alma com ela mesma; o homem não é um cristal e a verdade não é uma conquista definitiva. Eu procuro a verdade e a procuro com obstinação[165]. Ela, a verdade, é amiga e aliada do futuro, porque sempre tem de existir, e cada qual deverá procurá-la sozinho, sem nenhum intermediário, sem necessidade de jurar sobre a palavra de nenhum mestre[166]. Não me tornei escravo de ninguém, não tenho o nome de nenhum filósofo, tenho grande confiança no juízo dos homens insignes, mas reivindico alguns direitos também para os meus pensamentos. Também os grandes, com efeito, nos

---

162. *A vida feliz* 18, 1, *hoc* [...] *Platoni obiectum est, obiectum Epicuro, obiectum Zenoni; omnes enim isti dicebant non quemadmodum ipsi viverent, sed quemadmodum esset <et> ipsis vivendum*.

163. *Carta* 42, 1, *vir bonus* [...] *fortasse tamquam phoenix semel anno quingentesimo nascitur*.

164. Cf. NIETZSCHE, F., *A vontade de potência*, Milano, 1922, 109: "A filosofia tem pouco a ver com a virtude".

165. *Carta* 45, 4, *verum quaeram* [...] *et contumaciter quaeram*.

166. Cf. HORÁCIO, *Epístolas* 1, 1, 14, *nullius addictus iurare in verba magistri*.

deixaram não verdades descobertas, mas verdades a serem descobertas[167]; e depois de nós, outros descobrirão coisas que nos são desconhecidas[168].

A minha *pietas* não é a do universo, mas a do homem; uma espécie de misericórdia que não conhece dogmas, preconceitos, alinhamentos. A mim interessa conhecer não por prazer ou por aposta, mas para aprender a viver e a morrer; mais que admirar o céu estrelado, a filosofia ajuda a trazer remédio para a vida e a nos reerguermos das quedas. A ter cuidado de si mesmo.

Aprendi a medicar, a procurar a harmonia entre a vontade e a necessidade, entre a razão e a natureza; a negociar entre o Príncipe e a liberdade, entre os ideais da *Stoà* e a realidade da Roma imperial.

Abordei a relação entre filósofo e príncipe, entre rei e súditos, entre utopia e razão de Estado[169]. Nada de novo e de surpreendente; de fato, parece-me que também alguns de vós o tenham feito, ao escreverem o que comumente chamamos de "O espelho do Príncipe" [*Speculum principis*]. Nero deveria tê-lo tido nas mãos, de modo a nele ver as virtudes que o deviam caracterizar[170].

A consciência moral me proibia o servilismo do cortesão [*deforme obsequium*], o cálculo me desaconselhava a quebra do opositor [*abrupta contumacia*][171].

---

167. *Carta* 45, 4, *nam illi (magni viri) quoque non inventa sed quaerenda nobis reliquerunt.*

168. *Questões naturais* 7, 30, 5, *multa venientis aevi populus ignota nobis sciet, multa saeculis tunc futuris cum memoria nostri exoleverit reservantur. Pusilla res mundus est nisi in illo quod quaerat omnis aetas habeat.*

169. A referência é ao tratado *A clemência*.

170. Foi precisamente o epicurista Filodemo quem escreveu, com uma dedicatória a Pisão, *O bom governo segundo Homero*, o primeiro livreto do soberano ideal.

171. Cf. Tácito, *Anais* 4, 20, 3.

Não me comportei como espectador, parando à margem, mas subi a bordo. Aceitei a política, a nossa dimensão natural; sim, humana, porque quem vive separado da comunidade é ou besta ou deus[172]. Até quando me foi possível, pratiquei a secessão interior, depois a das paredes domésticas. Sofrer, suportar; isso, mais que da vida, aprendi da escola da inflexível educação estoica[173].

LUCRÉCIO – A vida veio te visitar e te apresentou a conta. Somente no final é que entendeste que a política é um teatro das ilusões, um engano, o cansaço de Sísifo; desfalecer por um poder que não se consegue nunca atingir[174] e que nem sequer existe.

Sabes, Sêneca, qual é a mola da política? A morte, o medo da morte: o outro câncer, além da religião. É preciso ter a lucidez, mais ainda do que a coragem, para reconhecer isso.

A avidez e o cego anseio pelo poder [*avarities et honorum caeca cupido*], as duas lesões letais [*vulnera vitae*], não são causas, mas efeitos da má consciência e da ignorância que desencadeia o medo, em especial o medo da morte. Nós procuramos riquezas, honras e poder para enfrentar e remover a morte, para encontrar uma rota de fuga e de sobrevivência nesta terra. Soldo e poder são filhos do medo da morte[175].

---

172. A expressão é de Aristóteles, Política 1253a.
173. *A consolação a minha mãe Hélvia*, 12, 4, *Stoicorum rigida ac virilis sapientia*.
174. 3, 998, *imperium* [...] *inanest nec datur umquam*.
175. 3, 59-64, "Enfim, a avidez e o desejo cego de honras, / que empurram os homens miseráveis a irem além dos limites da lei / e, às vezes, companheiros e ministros de delitos, a se esforçarem / dia e noite com todas as suas forças para se afirmarem / no topo do poder: são essas as chagas / da vida, em grande parte alimentadas pelo medo da morte (*mortis formidine aluntur*)".

SÊNECA – "Medita sobre a morte" não era também, talvez, o imperativo de Epicuro?[176] O único ensinamento que nos torna livres: quem aprendeu a morrer desaprendeu a servir[177].

LUCRÉCIO – A morte é nada para nós: se ela está, nós não estamos, se estamos nós, ela não está. É a grande ausente. Os nossos corpos se decomporão para formar outros corpos, mas isso não nos diz respeito, porque nós não teremos consciência disso. Assim, uma única lei governa do mesmo modo coisas e seres vivos[178]; é a morte imortal [mors immortalis] que anula a vida mortal [vita mortalis] e não poupa ninguém[179].

SÊNECA – Quanto a mim, embora espantado e desiludido pela desproporção entre a nossa natureza mortal e as nossas aspirações imortais[180], convivi serenamente por toda a vida com a morte, e aprendi, com escrúpulo, a arte de morrer [ars moriendi], uma arte cotidiana[181]. A morte não nos leva embora com um gesto rápido e violento, mas em câmara lenta, pouco a pouco; desfolha-nos, apouca-nos, reduz-nos[182]; a vida, desde o próprio momento do nascimento, não é senão uma marcha que nos aproxima da morte.

---

176. *Carta* 26, 8, *Epicurus [...] ait "meditare mortem"*.
177. *Carta* 26, 10, *qui mori didicit, servire dedidicit*.
178. 2, 718 s., *sed ne forte putes animalia sola teneri / legibus hisce, eadem ratio res terminat omnis*.
179. 3, 869 cit. (cf. nota 68).
180. *A vida retirada* 5, 7, *homo ad immortalium cognitionem nimis mortalis est*.
181. *Carta* 24, 19, *cotidie morimur*.
182. *Carta* 120, 18, *carpit nos illa (mors), non corripit*.

Terceiro Coro senecano

A MORTE: FIM OU PASSAGEM

Nós não mergulhamos na morte de improviso, mas dela nos aproximamos, minuto a minuto. A cada dia, morremos; a cada dia, com efeito, é-nos subtraída uma parte da vida e, mesmo quando crescemos, a vida diminui. Já perdemos, primeiro, a infância, a seguir, a meninice, depois, a adolescência. Todo o tempo que passou até ontem já se foi; o próprio dia que vivemos hoje, nós o dividimos com a morte. O que esvazia a clepsidra não é a última gota que cai, mas toda a água que antes caíra; assim, a última hora, que marca o fim, não causa, sozinha, a morte, mas, sozinha, leva a cabo a obra.

A morte, que nos causa grande medo e que procuramos afastar, interrompe o curso da vida, não o anula; virá novamente o dia no qual seremos restituídos à luz [...]. Todas as coisas que parecem ir embora não fazem mais que mudar. Portanto, quem está destinado a retornar deve sair com ânimo sereno [...]. Observa a alternância das coisas que voltam ao início e verás que nada neste mundo é destruído, mas, com movimentos alternados, passa e surge.

Em breve, nós chegaremos aonde nos angustia ter lá chegado o nosso amigo. Se é verdade o que os sábios andaram dizendo, talvez nos acolherá um lugar no qual o amigo que julgamos desaparecido nos precedeu[183].

Terceiro Coro lucreciano

A MORTE PARA SEMPRE

*Apagou a luz dos olhos também o nobre Anco,
sob muitos aspectos melhor, decerto, do que tu, um inútil.
Depois pereceram muitos outros reis e soberanos de impérios,*

---

183. Este texto remete às *Cartas* 24, 19 s.; 36, 10 s.; 63, 16.

os quais dominaram grandes nações.
Até Xerxes, aquele que outrora aplainou uma via no vasto mar
e deu às legiões um caminho para ultrapassar o abismo
e ensinou a sulcar a pé as lagunas salobras
e desprezou o fragor das ondas com as pisadas dos cavalos,
privado da luz, exalou a alma do corpo moribundo.
Cipião, raio de guerra, terror de Cartago,
abandonou os ossos à terra, como o último dos servos.
E depois os inventores das ciências e das artes,
e os companheiros das Musas de Hélicon, entre as quais só Homero
conquistou o cetro e adormeceu também ele com o mesmo
sono dos outros. Enfim, Demócrito, quando a extrema velhice
lhe trouxe à memória que os movimentos conscientes do ânimo diminuíam,
foi, por vontade própria, ao encontro da morte, oferecendo-lhe a cabeça.
O próprio Epicuro morreu, tendo percorrido o luminoso trajeto da vida,
um gênio que superou e obnubilou todo o gênero humano,
como o sol do alvorecer apaga as estrelas.
E tu hesitarás? E julgarás indigno morrer?
Tu, que já és um morto vivente e vidente,
que consomes no sono a maior parte do tempo
e, no entanto, acordado, dormes profundamente e sonhas de olhos abertos,
e tens a mente atormentada por inútil medo,
não consegues, muitas vezes, descobrir qual o teu mal
enquanto, ébrio, te perseguem, infeliz, aflições de toda parte
e, sacudido, te perdes na erradia incerteza da mente[184].

---

184. 3, 1025-1052.

SÊNECA – A morte, eu a enfrento, tu a removes.

LUCRÉCIO – Não. Eu removo as ilusões, e tal é a vossa fé na sobrevivência. Eu indago o perigo e as trevas, o luto e o desespero para deles fazer sair os homens. A minha paixão pelo pensamento nasce da piedade pelos homens que se negam a felicidade.

SÊNECA – Sabemos muito bem, sobre o desfecho final os nossos mestres se dividiram: para Epicuro a morte é fim [*finis*], para nós, estoicos, é passagem [*transitus*], até retorno [*reditus*] à sede celeste de onde viemos.

Sempre acreditei que um dia uma luz divina nos desvendaria, finalmente, os mistérios obscuros da natureza e que, com a morte, se iniciaria uma vida eterna; sim, a morte como verdadeira data de nascimento [*dies natalis*][185].

Na verdade, não sei se esse novo nascimento me porá em contato com realidades divinas ou se me unirei de novo à natureza e retornarei ao seio do todo[186]. Mas se os deuses se interessam pela sorte da totalidade dos homens, mais do que pela sorte dos indivíduos[187], se uma alma universal nos reabsorver a todos na alternância "caósmica"[188], então me pergunto que diferença ou preferência haverá entre o nosso panteísmo e o vosso materialismo.

---

185. *Carta* 102, 26 ss., *dies iste quem tamquam extremum reformidas aeterni natalis est* [...] *Tunc in tenebris vixisse te dices cum totam lucem et totus aspexeris* [...] *Quid tibi videbitur divina lux cum illam suo loco videbis?*
186. *Carta* 71, 16, *aut in meliorem emittitur vitam* [...] *inter divina mansurus aut* [...] *naturae remiscebitur et revertetur in totum.*
187. *A providência* 3, 1, *quorum (universorum) maior dis cura quam singulorum est.*
188. *Carta* 30, 11, *quidquid composuit (natura) resolvit, et quidquid resolvit componit iterum.*

Se deus nos amasse de verdade, não deveria nos condenar ao anonimato.

Talvez, um lugar nos acolherá[189]. É uma esperança e, como tal, uma ilusão, um doce engano.

Vi-me num limiar, na linha da fronteira, sem uma terra totalmente minha. Os tempos não me foram favoráveis; muito atrasado na velha religião, muito adiantado na nova.

Mas se pode escolher somente quando se morre, não quando se nasce.

---

189. Carta 63, 16, *fortasse, si modo vera sapientium fama est recipitque nos locus aliquis.*

Edições Loyola

editoração impressão acabamento

Rua 1822 nº 341 – Ipiranga
04216-000 São Paulo, SP
T 55 11 3385 8500/8501, 2063 4275
www.loyola.com.br